国家体育总局体育科普重点项目
（立项编号：2022TK003）

以案为镜，
守护"纯洁体育"

——兴奋剂违规典型案例解析

上海体育科学研究所（上海市反兴奋剂中心） 编著

东北大学出版社
·沈 阳·

© 上海体育科学研究所（上海市反兴奋剂中心） 2023

图书在版编目（CIP）数据

以案为镜，守护"纯洁体育"：兴奋剂违规典型案
例解析 / 上海体育科学研究所(上海市反兴奋剂中心)编
著 . — 沈阳：东北大学出版社，2023.5
　　ISBN 978-7-5517-3257-4

　　Ⅰ . ①以… Ⅱ . ①上… Ⅲ . ①运动员—兴奋剂—案例
—分析 Ⅳ . ① D912.16

中国国家版本馆 CIP 数据核字（2023）第 085442 号

出 版 者：东北大学出版社
　　　　　地址：沈阳市和平区文化路三号巷 11 号
　　　　　邮编：110819
　　　　　电话：024-83680181（编辑部）　 83680267（社务部）
　　　　　传真：024-83680181（编辑部）　 83680180（市场部）
　　　　　网址：http://www. neupress. com
　　　　　E-mail:neuph@neupress.com
印 刷 者：辽宁一诺广告印务有限公司
发 行 者：东北大学出版社
幅面尺寸：170 mm × 240 mm
印　　张：12.75
字　　数：206 千字
出版时间：2023 年 5 月第 1 版
印刷时间：2023 年 5 月第 1 次印刷
责任编辑：郎　坤　孟　颖
责任校对：杨　坤
封面设计：潘正一

ISBN 978-7-5517-3257-4　　　　　　　　　　定　价：88.00 元

以案为镜，守护"纯洁体育"

——兴奋剂违规典型案例解析

编委会

主　　任：孙孟炜

主　　编：汪　喆

副 主 编：李　磊　吴晓燕

编　　委：李成易　汪嘉琦　刘　敏　吴云娥

插图绘制：周滢然

序

　　反兴奋剂工作是保护运动员身心健康，维护赛场公平，弘扬奥林匹克精神和中华体育精神，推动体育强国建设的必要手段。近年来，习近平总书记多次对反兴奋剂工作做出重要指示批示，提出要坚决推进反兴奋剂斗争，强化拿道德的金牌、风格的金牌、干净的金牌意识，坚决做到兴奋剂问题"零出现""零容忍"等重要论述，表明了我国反对使用兴奋剂的坚定立场。反兴奋剂教育作为反兴奋剂工作的重要组成部分，也是预防体育运动参与者故意或非故意使用兴奋剂的重要途径。近年来，反兴奋剂教育工作在国内外体育界受到广泛关注与重视，相应政策法规也随之出台，世界反兴奋剂机构（WADA）于2019年通过了《教育国际标准》，规定了包括我国在内的各条例签约方所必须开展的反兴奋剂教育的原则与最低标准。在我国，于2021年1月1日施行的国家体育总局公布的《反兴奋剂规则》也明确指出了反兴奋剂教育遵循"预防为主、教育为本"的原则和"全覆盖、全周期、常态化、制度化"的要求，我国的反兴奋剂教育覆盖面逐渐从专业运动员向青少年运动员、大众运动员等更广的受众拓展，教育关口也在不断前移。

　　上海市反兴奋剂中心编著的《以案为镜，守护"纯洁体育"——兴奋剂违规典型案例解析》作为国内第一本兴奋剂违规案例汇编书籍，在保持反兴奋剂知识的专业性与严谨性的同时，通过简洁生动、通俗易懂的语言表达，帮助专业运动员、青少年群体更好地理解兴奋剂违规概念及其防控要点，从而内化于心、外化于行，既可以作为运动员"不触碰兴奋剂红线，坚守反兴奋剂底线"的学习资料，同时也可以作为广大青少年牢记体育精神，深刻理解"纯洁体育"内涵的鲜活素材。

该书以 2021 年版《世界反兴奋剂条例》所定义的 11 项兴奋剂违规行为为切入点，精心选取了 73 个国内外兴奋剂违规典型案例进行解析。其中将近 70% 为近 10 年以来的案例，更为贴合国内外反兴奋剂最新政策法规；内容上在阐述案例详情的基础上，重点对案例所涉违规、判罚依据、仲裁过程、防控意见等进行深入细致清晰的阐述及解析。值得一提的是该书还针对各运动项目选取典型案例，在阐述这些运动项目特点及案情的基础上，重点对案例所涉运动项目和所涉违规的相关性进行阐述与解析。该书可以帮助广大运动员和青少年群体深入理解兴奋剂违规行为的本质，积极主动做好兴奋剂风险防控，将违规风险降至最低。坚韧的意志品质、正确的价值观念、丰富的知识储备，这些不仅是运动员身心健康地参与训练和比赛的必要条件，也是广大反兴奋剂工作者志在帮助运动员达到的目标之一。该书作为反兴奋剂教育的一次全新尝试，为反兴奋剂教育提供了新的思路，也为我国反兴奋剂事业发展和体育强国建设夯实基础。

国际检查机构（International Testing Agency, ITA）

独立执委：

专有名词表

序号	中文名	外语词全称	外语词缩略语
1	世界反兴奋剂机构	World Anti-Doping Agency	WADA
2	治疗用药豁免	Therapeutic Use Exemption	TUE
3	田径诚信委员会	Athletics Integrity Unit	AIU
4	美国反兴奋剂中心	United States Anti-Doping Agency	USADA
5	美国仲裁委员会 / 美国仲裁协会	American Arbitration Association	AAA
6	国际体育仲裁法庭	Court of Arbitration for Sport	CAS
7	国际奥委会	International Olympic Committee	IOC
8	希腊田径协会	Hellenic Athletics Federation （希腊语：Σύνδεσμος Ελληνικών Γυμναστικών Αθλητικών Σωματείων）	SEGAS
9	兴奋剂检查官	Doping Control Officer	DCO
10	血检官	Blood Collection Officer	BCO
11	俄罗斯田径联合会	All-Russian Athletic Federation	ARAF
12	俄罗斯反兴奋剂机构	Russian Anti-Doping Agency	RUSADA
13	智利奥林匹克委员会	Chilean Olympic Committee	COC
14	美国举重协会	United States Weightlifting Association	USAW
15	注册检查库	Registered Testing Pool	RTP
16	残障运动员基金会	Challenged Athletes Foundation	CAF
17	终极格斗冠军赛	Ultimate Fighting Championship	UFC
18	促红细胞生成素	Erythropoietin	EPO
19	国际自行车联盟	Union Cycliste Internationale	UCI
20	美国邮政自行车队	US Postal Service Team	USPS
21	国际自行车联盟 反兴奋剂规则	UCI Anti-Dope Regulations	UCI ADR
22	西班牙自行车联合会	Spanish Cycling Federation （西班牙语：Federación Española de Ciclismo）	RFEC
23	RFEC 国家竞技与 纪律委员会	Spanish: Comité Nacional de Atletismo y Disciplina	CNCDD

续表

序号	中文名	外语词全称	外语词缩略语
24	乌克兰田径协会	Ukraine Athletics Federation	UAF
25	国际举重联合会	International Weightlifting Federation	IWF
26	保加利亚举重协会	Bulgarian Weightlifting Federation	BWF
27	保加利亚体育仲裁院	Bulgarian Court of Arbitration for Sport	BSA
28	国际检查机构	International Testing Agency	ITA
29	国际举重联合会反兴奋剂政策	IWF Anti-Doping Policy	IWF ADP
30	国际举重联合会反兴奋剂听证小组	IWF Anti-Doping Hearing Panel	IWF DHP
31	《实验室国际标准》	*International Standard for Laboratories*	ISL
32	《隐私和个人信息保护国际标准》	*International Standards for the Protection of Privacy and Personal Information*	ISPPI
33	兴奋剂检查记录单	Doping Control Record Form	DCF
34	国际体育仲裁庭反兴奋剂庭	CAS Anti-Doping Division	CAS ADD
35	职业网球联合会	Association of Tennis Professional	ATP
36	国际网球联合会	International Tennis Federation	ITF
37	《检查和调查国际标准》	*International Standard for Testing and Investigations*	ISTI
38	旧金山海湾协作实验室	The Bay Area Laboratory Co-operative	BALCO
39	美国职业棒球大联盟	Major League Baseball	MLB
40	美国职业橄榄球大联盟	National Football League	NFL
41	缉毒局	Drug Enforcement Agency	DEA
42	国际滑雪联合会	International Ski Federation（法语：Fédération Internationale de Ski）	FIS
43	国际冰球联合会	International Ice Hockey Federation	IIHF
44	国际滑冰联盟 /国际滑联	International Skating Union	ISU
45	日本反兴奋剂机构	Japan Anti-Doping Agency	JADA

（以上专有名词按书中出现先后顺序排序，为方便阅读，对于其中广为应用的外语缩略语，除首次出现外，在书中直接采用）

目录

第一章

体育精神及兴奋剂违规
概念解析

第一节　体育精神

体育运动中的兴奋剂是指世界反兴奋剂机构（WADA）规定的禁用物质和禁用方法的统称。反兴奋剂（anti-doping）是指为了保护体育运动参加者的身心健康，维护体育竞赛的公平竞争，在提倡健康、文明的体育运动前提下，对违反规定使用兴奋剂的违规行为进行严令禁止、严格检查、严肃处理的工作过程。从古希腊奥运会后期就开始有人使用兴奋剂，早期是为了通过植物和动物蛋白的作用来提高体力从而获得金钱和荣誉，到了19世纪末，工业革命的兴起，促进了医药、化学等技术的提高，兴奋剂种类也越来越多，这对体育的公正公平以及运动员的生命健康都产生了极大的危害，因此反兴奋剂工作也随之开展[1]。

在哲学上，精神可以与意识一概而论，即精神是指人的意识，是人的思维活动和一般心理状态。体育精神就是人类在体育实践中，对客观事物的主观反映，体育精神是一种文化意识形态，是通过体育运动而形成并集中体现出人类的力量、智慧与进取心理等最积极意识的总和，是体育运动的最高级产物[2]。体育精神是对人类精神、身体和心灵的颂扬，是奥林匹克精神的精髓，体现在体育运动中以及体育运动所呈现的价值观中，包括健康，道德、公平竞赛与诚实，《世界反兴奋剂条例》规定的运动员权利，卓越的表现，人格与教育，乐趣与快乐，团队协作，奉献与承诺，尊重规则与法律，尊重自己、尊重其他参赛者，勇气、共享与团结。体育精神体现在我们如何公平竞赛，而使用兴奋剂在根本上与体育精神背道而驰。体育精神对于反兴奋剂体系来说是内在价值观，是反兴奋剂工作所必须遵守的守则，也是《世界反兴奋剂条例》所依据的基本原理[3]。

1919 年 4 月，在瑞士洛桑庆祝奥林匹克运动恢复 25 周年的纪念会上，顾拜旦发表了著名的演讲《奥林匹克精神》，他认为纯粹的竞技精神只能带给运动员心理上的愉悦感，这种乐趣只能保留在运动员内心深处，在某种程度上只是自得其乐。只有当这种内心的快乐向外突发与大自然的乐趣融合在一起，才能诞生很久以前在阿尔弗斯河岸边的古代奥林匹克绚丽的梦想。人无精神不立，国无精神不强。同样的唯有精神上站得住、站得稳，反兴奋剂体系才能在历史洪流中屹立不倒、挺立潮头[4]。

公平竞争

在竞技体育中，公平竞争是最基本的原则之一，是体育精神的核心内容。公平诚实是所有参与者进行一切体育活动的基石，它要求参与者遵守制度规则，恪守道德准则，反对徇私舞弊，反对一切兴奋剂[5]。无论在体育竞赛还是反兴奋剂工作中都要公平诚实，规则制度的公平促进体育的健康发展，教练团队的诚实可以培养出健康的高水平运动员，运动员的诚实则是对自己身体和荣誉负责，是不忘初心，牢记使命。

团结共享

团结共享是体育得以不断创新、繁荣发展的助推器，它要求参与者协力合作，反对个人英雄主义，要求研究者共同研究、共享成果。只有团结共享，体育运动才能与时俱进，才能有面对不公平时的话语权，才能使遭受不公平的运动员夺回应有的荣誉。2013 年 10 月 2 日，习近平同志详细地阐释了足球体育运动之中所蕴含的重要哲理。他说，足球比赛讲究配合，是一个集体项目。当然，个人能力非常重要，但团队之间的有效合作才是决定最终比赛结果的关键因素，这才是他喜爱足球运动的重要原因。在他看来，体育活动与工作是相连相通的，只有团队之间加强有机配合，强调无缝对接，才能使工作效率最大化，工作成绩最优化[6]。

勇敢担当

勇敢担当是运动参与者捍卫尊严的利器。它要求勇于抗争、敢于正义，反对萎靡不振、软弱退缩，对于自己钟爱的事业有深深的责任感[5]。顾拜旦认为过去体育运动的特点，具备勇武的性质。罗素认为无所畏惧才能在行为中战胜恐惧，在感觉中克服恐惧，在对抗中勇敢。

追求卓越

追求卓越是体育向着"更快、更高、更强、更团结"发展的原动力。它是追求成绩的提高，追求技术的发展，追求人格的完善和道德的提升，追求体育事业的健康发展。运动员艰苦训练，是为了追求卓越的成绩。运动员面对成功和失败，要胜不骄，败不馁，追求卓越的胜负价值观。反兴奋剂面对时代与科技的发展，要追求卓越的创新研究，要与时俱进，无论是在竞赛、教育或研究中，都要做到以人为本，奋勇争先，维护体育的纯洁性。

豁达尊重

豁达尊重是体育活动中"友谊第一，比赛第二"的核心，也是"更团结"的表现之一。它要求人们自我信任、心胸开阔，反对消极、反对狭隘，尊重体育规则，尊重对手、裁判，尊重自己[5]。运动员面对自己要自信乐观，面对对手要尊重，无论对手是弱是强，都要做到胜不骄，败不馁。在日常训练和赛场上，运动员只要拼尽全力便是对自己的尊重，即使是输了，也会赢得对手和观众的尊重与敬仰。

中华体育精神

体育精神的内涵是多样的，正是因为其多样性，才会对复杂的人在各方面产生好的影响。在中国特色社会主义制度和举国体制下，我国将体育精神与中华优秀传统文化相结合，形成了具有中国特色的中华体育精神。2013年8月，习近平总书记在会见全国体育先进单位和先进个人代表时强调：广大体育工作者在长期实践中总结出的以"为国争光、无私奉献、科学求实、遵纪守法、团结协作、顽强拼搏"为主要内容的中华体育精神来之不易，弥足珍贵，要继承创新、发扬光大[7]。

为国争光，无私奉献

为国争光，无私奉献的爱国主义精神是中华体育精神的核心要义[8]。中华体育精神作为中国精神的重要组成部分，是爱国主义最具活力的载体和最鲜明的表现。我国运动员向来胸怀"祖国高于一

切"的崇高信念，甘于用生命去捍卫祖国的尊严和荣誉，常常舍弃快乐与享受，承受艰苦的训练，金牌的背后是顽强拼搏的汗水，是忍受孤独的心灵以及可歌可泣的故事。运动员将国家利益置于个人利益之上，用无私奉献来不断实现人生的价值。

科学求实，遵纪守法

科学求实，遵纪守法的求真务实精神是中华体育精神的真实标志。体育运动向来重实用、重行动，用行动说话。从 20 世纪 50 年代至今，我国培育了一批批国际乒坛的顶级运动员，靠的就是科学求实的精神。1960 年，中国登山队胜利登上珠穆朗玛峰，实现了人类历史上第一次从北坡登上世界第一高峰，靠的也是科学求实的精神。中国运动员是遵守体育规则和国际标准的典范，北京冬奥运会和冬残奥会上，中国体育健儿遵守比赛规则，尊重对手、裁判，谨记内心使命，展现了风采，取得了佳绩，获得了道德的金牌、风格的金牌、干净的金牌[9]。

团结协作，顽强拼搏

团结协作，顽强拼搏的进取奋斗精神是中华体育精神的优良传统[8]。中华民族的进取精神形成了中国体育不惧失败、敢于拼搏、不言放弃的优良传统。中国人的奋斗既有个人的奋斗，更是集体主义的奋斗；既重视运动员的个人价值，更追求团队成员间的相互协作与紧密团结。在各大赛事上，我们不仅能看到老将们在赛场上拼尽全力，也能看到小将们大放光彩。胜利最终属于执着信念、不言放弃、勇于超越的顽强拼搏者。正是因为能够团结协作、自强不息，敢于顽强拼搏、超越自我，我们才取得了一个又一个胜利，在各项赛事上大放异彩，弘扬了奥林匹克精神，弘扬了中华体育精神。

第二节　兴奋剂违规概念解析[3]

　　使用兴奋剂是指发生了2021年版《世界反兴奋剂条例》（以下简称"《条例》"）中条款2.1至条款2.11中规定的一项或多项兴奋剂违规行为。兴奋剂违规旨在说明构成兴奋剂违规的情况和行为。兴奋剂违规的听证会会根据违反一项或多项具体规则的指控而进行。本节将具体解析条款2.1至条款2.11的十一种兴奋剂违规的概念。

2.1：在运动员的样本中发现禁用物质或其代谢物或标记物

　　确保没有禁用物质进入自己体内，是运动员的个人责任。运动员需对其样本中发现的任何禁用物质或其代谢物或标记物负责，且依照此条款而认定

为兴奋剂违规时，无需证明运动员的意图、过错、疏忽或明知使用。

有以下任何情形的，依据此条款都足以证明兴奋剂违规：① 运动员的 A 样本中存在禁用物质或其代谢物或标记物，运动员放弃检测 B 样本并且 B 样本未进行检测；② 或者对运动员的 B 样本进行了检测，而 B 样本的检测结果证实了运动员的 A 样本中存在的禁用物质或其代谢物或标记物；③ 或将运动员的 A 样本或 B 样本分装成两个部分，对分装样本的确证部分的检测证实了在第一部分分装样本中发现的禁用物质或其代谢物或标记物，或运动员放弃对分装样本的确证部分进行检测。

除《禁用清单》或技术文件中明确规定了判定限的物质外，在运动员样本中发现任何达到报告量值的禁用物质或其代谢物或标记物均构成兴奋剂违规。

另外，作为条款 2.1 一般规则的例外，《禁用清单》、国际标准或技术文件中可以为报告或评估某些禁用物质确定特殊标准。

《禁用清单》是具有强制性的国际标准，是世界反兴奋剂体系的组成部分，由 WADA 每年一次以国际标准公布，明确了在任何时候（包括赛内和赛外）都禁用的物质及那些仅在赛内禁用的物质。除《禁用清单》中明确列出的之外，所有的禁用物质均为特定物质。在 2023 年版《禁用清单》中，根据禁用时间的不同，可以将禁用物质分为三类：

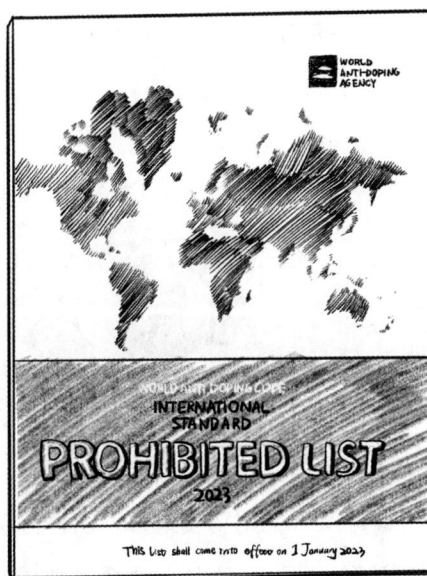

1. 所有场合禁用的物质（赛内和赛外），包括：S0. 未获批准的物质，如尚在临床试验阶段的药物等；S1. 蛋白同化制剂，如大力补、康力龙等；S2. 肽类激素、生长因子、相关物质和模拟物，如促红细胞生成素（EPO）等；S3. β₂ 激动剂，如

沙美特罗等；S4. 激素及代谢调节剂，如胰岛素类等；S5. 利尿剂和掩蔽剂，如丙磺舒等。

2. 仅在赛内禁用物质：S6. 刺激剂，如可卡因、麻黄碱等；S7. 麻醉剂，如海洛因、吗啡等；S8. 大麻（酚）类，如天然或合成以及具有大麻作用的物质等；S9. 糖皮质激素类，如氢化可的松等。

3. 特殊项目禁用物质：P1. β – 阻断剂，如醋丁酰心安等，在射击、射箭及水下运动中赛内外均禁用。

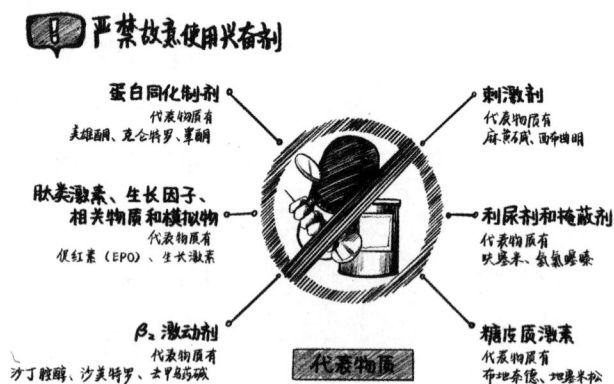

2.2：运动员使用或企图使用某种禁用物质或禁用方法

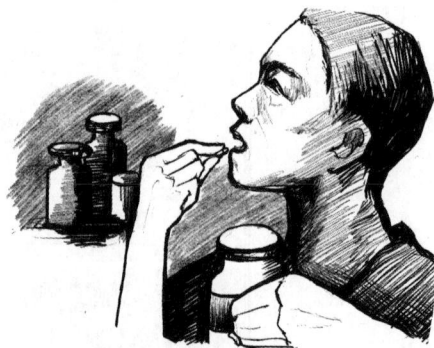

确保没有禁用物质进入自己体内和不使用禁用方法，是运动员的个人责任。因此，认定使用禁用物质或禁用方法的兴奋剂违规时，无需证明运动员

的意图、过错、疏忽或明知使用。

使用或企图使用禁用物质或禁用方法是否既遂并不重要。只要使用或企图使用禁用物质或禁用方法就足以构成兴奋剂违规。

运动员使用禁用物质即构成兴奋剂违规，除非该物质在赛外不禁用，而运动员的使用发生在赛外。"企图"是指有目的地参与从兴奋剂违规策划到实施过程中构成实质性步骤的行为。但是，如果当事人在被未卷入该企图的第三方发现之前放弃了该企图，则不应当构成兴奋剂违规。对于"企图"使用的证明，任何可靠的方法都可以用于证明使用或企图使用禁用物质或禁用方法，例如运动员的自认、证人证言、书面证据、从纵向档案中得出的结论，包括作为运动员生物护照的一部分收集的数据，确定是否使用了禁用物质或禁用方法。

生物护照是对运动员各项生物学指标的记录，生物护照会长期跟踪记录运动员的血液指标，异常变化则指示有违规的可能，相比直接检测违禁物质的传统兴奋剂检测手段，可以有效打击使用难以检测的血液兴奋剂行为。

《禁用清单》里除了禁用物质还有禁用方法，分为三大类，包括 M1.篡改血液和血液成分，如将血液、血红细胞制品以及血液替代品输入体内，增加红细胞值和血红蛋白含量以增加携氧能力和提高耐力。M2.化学和物理篡改，如在兴奋剂管制过程中，篡改或者企图篡改样本的完整性和有效性；置换样本或样本掺假；每12小时静脉输液累计超过100mL（在医院治疗、

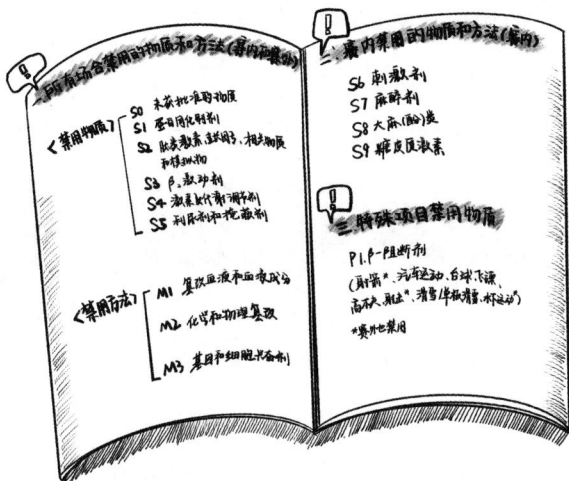

手术治疗或临床诊断检查过程中正当使用除外）等。M3. 基因和细胞兴奋剂，如使用可以通过任何机制改变基因组序列和 / 或改变基因表达的核酸或核酸类似物；使用常规细胞或经基因修饰的细胞。

2.3：运动员逃避、拒绝或未完成样本采集

逃避样本采集，或在收到正式授权人员的通知后，在没有令人信服的正当理由的情况下拒绝或未完成样本采集。

如果证明运动员故意避开兴奋剂检查官（DCO）以逃避通知或检查，则构成违反"逃避样本采集"的兴奋剂违规。违反"未完成样本采集"的违规可能基于运动员的故意或疏忽行为，而"逃避"或"拒绝"样本采集则考虑是运动员的故意行为。根据《条例》条款 10.3（对其他兴奋剂违规的禁赛）对"故意"和"疏忽"的不同判定，对运动员的禁赛处罚也不同。

2.4：运动员违反行踪信息管理规定

注册检查库（RTP）中的运动员在 12 个月内累计出现 3 次《结果管理国际标准》中规定的错过检查和 / 或行踪信息填报失败，会被判定为违反行踪信息管理规定。

注册检查库是指分别由国际单项体育联合会建立的国际级和国家反兴奋剂组织建立的国家级最为优先监管的运动

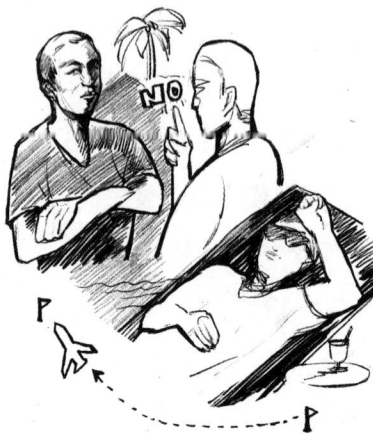

员库。作为该国际单项体育联合会或国家反兴奋剂组织检查计划的一部分，注册检查库运动员必须重点接受赛内和赛外检查，因此这些运动员应当依照《条例》条款 5.5（运动员行踪信息）和《检查和调查国际标准》的规定提供行踪信息。与注册检查库相对应的还有检查库，依照对应法规，注册检查库运动员和检查库运动员的区别在于行踪信息申报力度、检查力度和处罚力度。注册检查库运动员行踪信息申报包括以下内容：① 运动员每天的住宿地址；② 运动员每天从事规律性训练及其他活动的具体地址及时间安排；③ 运动员的比赛日程；④ 运动员每天 5 点至 23 点之间可接受检查的任意 60 分钟建议检查时间及特定检查地点；⑤ 休假、旅途的详细信息。而检查库的运动员只需要申报以上前三条。

2.5：运动员或其他当事人篡改或企图篡改兴奋剂管制过程中的任何环节

篡改指破坏兴奋剂管制过程，但不属于禁用方法定义范畴的故意行为。篡改应当包括但不限于：收受贿赂以实施或不实施某种行为，阻止样本采集，影响样本检测或使样本检测无法进行，伪造提交给反兴奋剂组织或治疗用药豁免（TUE）委员会或听证小组的文件，获取证人的虚假证词，对反兴奋剂

组织或听证机构实施其他欺诈行为以影响结果管理或实施后果，以及其他类似的故意干扰或企图干扰兴奋剂管制任何方面的行为。

兴奋剂管制是指从兴奋剂检查计划的制定直到最终处理上诉和执行后果的全部步骤和过程，包括但不限于中间阶段的全部步骤和过程，例如检查、调查、行踪信息、TUE、样本采集和处理、实验室检测、结果管理以及与违反条款 10.14（禁赛期或临时停赛期的身份）有关的调查和程序。运动员篡改或企图篡改兴奋剂管制过程中任何环节，包括冒名顶替兴奋剂检查、向反兴奋剂组织提供虚假信息、故意干扰兴奋剂检查、破环样本完整性、妨害证人作证等，都会构成兴奋剂违规。

2.6：运动员或运动员辅助人员持有某种禁用物质或禁用方法

运动员赛内持有任何禁用物质或禁用方法，或运动员赛外持有任何赛外禁用的禁用物质或禁用方法，除非运动员证明该持有符合依照条款 4.4 批准的 TUE，或有其他可接受的正当理由，否则构成兴奋剂违规；运动员辅助人员，赛内持有任何禁用物质或禁用方法，或运动员辅助人员赛外持有与运动员、比赛或训练有关的、赛外禁用的任何禁用物质或禁用方法，除非运动员辅助

人员证明该持有符合依照条款 4.4 向运动员批准的 TUE，或有其他可接受的正当理由，否则也构成兴奋剂违规。

运动员辅助人员是指同运动员一起工作、治疗或协助运动员参加或准备体育比赛的任何教练员、体能教练、领队、经纪人、运动队工作人员、官员、医疗和医护人员、家长或其他当事人。持有是指实际的、实质的持有，或推定持有（只有在当事人对禁用物质或禁用方法或对存在禁用物质或禁用方法的处所具有排他性控制或拟行使控制时才应当认定为推定持有）。但是，如果该当事人对禁用物质或禁用方法或对存在禁用物质或禁用方法的处所不具有排他性控制，则只有在该当事人知道存在禁用物质或禁用方法并打算对其实施控制的情况下，才可认定为推定持有。但是，如果该当事人在收到兴奋剂违规通知前，已采取实际行动表明自己从未打算持有禁用物质或禁用方法，并明确向反兴奋剂组织宣布放弃持有，则不得仅以持有为由判定其兴奋剂违规。尽管本定义中有相反的规定，但购买（包括以任何电子方式或其他方式）禁用物质或禁用方法即构成购买者的持有。

使用任何可因其性质、剂量或用法而不正当地提高运动员成绩的物质，都应该被视为使用兴奋剂。正常情况下，当需要进行医务治疗时，如果运动员停药后会对健康产生严重危害，或服用药物并不会帮助其在比赛中的表现等，可以申请 TUE，通过后则不应当视为兴奋剂违规，可以正常进行比赛。TUE 是指运动员因治疗目的确需使用《禁用清单》里规定的物质或者方法，需按照规定提出申请，批准后予以使用。在此种情况下持有某种禁用物质，不会被视为违规。

对于运动员或运动员辅助人员在赛内或赛外持有禁用物质或禁用方法的可接受的正当理由包括，例如：运动员或队医使用禁用物质或禁用方法（例如肾上腺素自动注射器）处理急性病和应对紧急情况，或在申请和收到 TUE 决定前不久，运动员因治疗原因而持有禁用物质或使用禁用方法。可接受的正当理由不包括，诸如为赠送朋友或亲属而购买或持有禁用物质，除非该当事人有正当的医疗理由和医生开具的处方，例如为糖尿病患儿购买胰岛素。

2.7：运动员或其他当事人从事或企图从事任何禁用物质或禁用方法的交易

该条款指运动员、运动员辅助人员或反兴奋剂组织管辖下的任何其他当事人向任何第三方销售、提供、运输、邮寄、递送或分发（或以任何这些目的持有）禁用物质或禁用方法（无论是以实物或任何电子或其他方式），则构成兴奋剂违规。

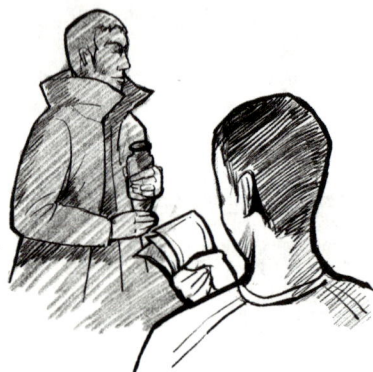

但交易不应当包括真正的医务人员将禁用物质用于真实合法的治疗目的或其他可接受的正当理由，也不应当包括使用赛外检查不禁用的禁用物质的行为，除非整体情况表明这些禁用物质并非用于真实合法的治疗目的或企图用于提高运动能力。

2.8：运动员或其他当事人赛内对运动员施用或企图施用任何禁用物质或禁用方法，或赛外对运动员施用或企图施用任何赛外禁用的禁用物质或禁用方法

赛内是指从运动员参赛的前一天晚 11：59 开始，直至该比赛和与之相关的样本采集程序结束为止的一段时间，赛外是指任何非赛内的时间段。在这两个阶段中提供、供应、指导、协助或以其他方式参与他人使用或企图使用某种禁用物质或禁用方法，将判为兴奋剂违规。但是，施用的定义不包括真正的医务人员将某种禁用物质或禁用方法用于真实合法的治疗目的或

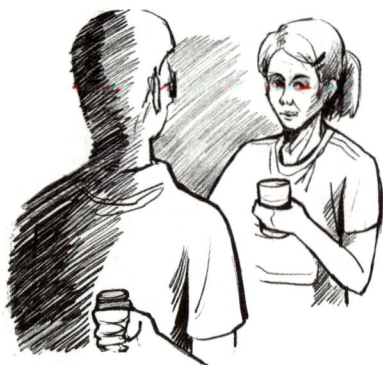

其他可接受的合法理由，也不包括涉及赛外检查中不禁用的禁用物质的行为，除非整体情况表明这些禁用物质不是用于真实合法的治疗目的或旨在提高运动能力。本条违规的重大违规也可能违反非体育类法律法规，应当通报给行政主管部门、职业或司法机构。

2.9：运动员或其他当事人共谋或企图共谋

协助、怂恿、资助、教唆、策划、包庇他人的兴奋剂违规、企图违规或违反条款 10.14.1 的行为，或者实施任何其他类型的故意共谋或企图共谋。

条款 10.14.1（禁赛期或临时禁赛期间禁止参加比赛或活动），指已被宣布禁赛或正在临时停赛的运动员或其他当事人，不得在禁赛期或临时停赛期间以任何身份参加由任何签约方、签约方成员组织，或签约方成员组织的俱乐部或其他成员组织授权或组织的比赛或活动（经授权的反兴奋剂教育或矫正项目除外），也不得参加由任何职业联盟或任何国际或国家级赛事组织授权或组织的比赛，或由政府部门资助的任何高水平或国家级体育活动，否则将取消其比赛成绩，并在原禁赛期结束后追加与原禁赛期长度相等的新禁赛期。

在 2015 年版的《条例》中仅规定了客观状态的"共谋"行为，未包括主观状态的"企图共谋"行为，因此为扩大该条款的打击范围和威慑力度，

2021 年版《条例》第 2.9 条新增"企图共谋"的内容，并明确提出："共谋或企图共谋可包括物质上和精神上援助"。

2.10：运动员或其他当事人禁止合作

禁止反兴奋剂组织管辖下的运动员或其他当事人在职业或与体育相关的范围内与下列运动员辅助人员合作：① 如果该当事人在反兴奋剂组织的管辖下，正处于禁赛期。② 如果该当事人不在反兴奋剂组织的管辖下，并且依照《条例》的规定尚未在结果管理程序中对其实施禁赛，但如果将与《条例》一致的规则适用于该当事人，其已因兴奋剂问题被认定有罪或在刑事、纪律或职业程序中被发现其行为可能构成兴奋剂违规。③ 如果该当事人作为以上两点所述人员的联系人或中间人。为证明条款 2.10 的违规，反兴奋剂组织必须证明运动员或其他当事人知晓运动员辅助人员已被取消资格。

以上三点中的当事人包括因兴奋剂违规而被禁赛或因兴奋剂问题已被刑

事定罪或受到职业纪律处分的教练员、体能教练、医生或其他运动员辅助人员。这项规定还禁止与在禁赛期间担任教练员或运动员辅助人员的任何其他运动员合作。禁止合作的类型包括：获得训练、战术、技术、营养或医学建议；获得理疗、治疗或处方；提供任何身体物质以供检测；或允许运动员辅助人员担任经纪人或代表。禁止合作不需涉及任何形式的补偿。

2.11：运动员或其他当事人阻止或报复向当局举报的行为

如果该违规行为不构成条款 2.5 的违规时，任何威胁或企图恐吓他人的行为，目的是阻止其向 WADA、反兴奋剂组织、执法机构、监管机构或职业纪律机构、听证机构或为 WADA、反兴奋剂组织开展调查的人员，善意举报或提供与涉嫌兴奋剂违规或涉嫌不遵守《条例》的行为有关的信息，则构成兴奋剂违规。就条款 2.11 而言，报复、威胁和恐吓包括因缺乏善意或做出不适当反应而针对该举报人采取的行为。

本条款旨在保护善意举报人，但不保护故意进行虚假举报的人。此条款是在 2015 年版《条例》的 10 条违规行为上新增的一条，这一兴奋剂违规行为类型是为了适应反兴奋剂斗争新形势的需要而设定的。

报复包括诸如威胁举报人、其家人或相关人员的身心健康或经济利益的行为，不包括反兴奋剂组织善意指控举报人兴奋剂违规。就条款 2.11 而言，如果举报人明知其举报内容虚假，则该举报不属于善意举报。

以上 11 项条款所代表的 11 种兴奋剂违规行为和情况便构成了兴奋剂违规的概念。兴奋剂违规的概念在 2003 年《条例》第一次发布后，经过 2009 年、2015 年、2021 年三次修订，其概念和内涵的科学性、严谨性、广泛性得到了极大的提高，但兴奋剂违规条款的实际使用需要与其他条款、法律文件以及实际情况配合，因此仍然存在一些不足之处需要改善。

参考资料

［1］freelee. 兴奋剂秘史［J］. 看世界,2020(6):78-81.

［2］黄喆. 体育精神研究述评［J］. 运动,2018(12):132-133.

［3］世界反兴奋剂机构. 世界反兴奋剂条例［M/OL］.［2022-12-25］.https://www.sport.gov.cn/SSZX/n15182/c977804/part/627931.pdf.

［4］本报评论部. 人无精神则不立，国无精神则不强［N］. 人民日报,2020-09-11(005).

［5］张晟，黄若华，高丹娜. 浅析体育精神的五大维度［J］. 新西部,2017(33):165-166.

［6］盛卉. 习近平的体育观：常将体育运动智慧运用到工作中［EB/OL］.(2014-07-14)［2023-01-03］.http://politics.people.com.cn/n/2014/0714/c99014-25278431.html.

［7］尹俊. 从中华体育精神中汲取实现民族复兴的磅礴力量［EB/OL］.(2022-02-02)［2023-01-03］.https://m.gmw.cn/baijia/2022-02/02/35491961.html.

［8］马红梅. 论体育精神与新时代体育强国［J］. 当代体育科技,2018,8(07):252-253.

［9］中共中央国务院致北京第24届冬奥会中国体育代表团的贺电［N］. 人民日报,2022-02-21(001).

第二章

十一种兴奋剂违规
案例解析

第一节　兴奋剂检测结果呈阳性

吉津杜·乌贾案[1]（英国）

案情介绍

在 2020 东京奥运会期间，男子 4×100 米接力决赛获得了大家的广泛关注，我国的四位高水平运动员也参加了这场紧张激烈的比赛。最终，意大利队、英国队和加拿大队分获金银铜牌，中国队夺得第四名。然而，比赛结果并未就此尘埃落定。

本场比赛中的英国队成员吉津杜·乌贾（Chijindu Ujah）在赛后的赛内兴奋剂检查中提供了样本，几天后，该样本被检测出依诺波沙（Ostarine）和 S-23 阳性，这两种违禁物质在 WADA 2021 年版《禁用清单》中属于 S1 蛋白同化制剂，在赛内和赛外都是禁用的。之后乌贾又申请了对样本 B 瓶的检测，B 瓶的检测结果仍呈阳性。

田径诚信委员会（AIU）和 WADA 经调查认为乌贾的阳性检测结果不

是故意而为，而是因为服用了受污染的营养品，并且他很快承认了违规，因此他的禁赛期被定为22个月，从2021年8月6日，即他的阳性样本采集之日起，至2023年6月5日结束。由于乌贾的兴奋剂违规，他在奥运会男子100米比赛中所获的成绩、其和队友获得的4×100米接力银牌被取消，同时在此期间所获得的证书、奖金也被收回，积分被撤销。

乌贾在接受英国媒体采访时表示，自己的兴奋剂检测结果呈阳性的原因是在某电商平台上购买了含β丙氨酸的营养品，由于当时新冠病毒疫情原因，自己很依赖网购，自己也没有料到会出现这样的问题。乌贾声称自己在参加奥运会之前就已经服用这种营养品长达数周，且对这些营养品已受到污染并不知情。

值得一提的是，由于英国队的银牌被收回，由苏炳添、谢震业、吴智强、汤星强组成的中国队递补获得男子4×100米接力的铜牌，创造了我国该男子项目在奥运历史上的最佳成绩。

要点解析

本案例中的运动员样本检测呈阳性，构成了2021年版《世界反兴奋剂条例》中定义的第一条违规："在运动员的样本中发现禁用物质或其代谢物或标记物。"[2]

乌贾作为高水平的、富有经验的优秀运动员，应当明白运动员要为进入自己体内的一切物质负责，但他仍然疏忽了这一点，甚至是在重大赛事的备战期间放松了警惕，私自网购营养品服用。营养品的生产流程与药品不同，它在制造过程中的各个环节未经严格把关的话可能导致营养品被污染。本案中，乌贾正是遇到这种情况，服用了受污染的营养品而导致了兴奋剂违规，而他本应该谨慎购买与服用营养品来避免此类违规。

杰西卡·哈迪案[3]（美国）

案情介绍

杰西卡·哈迪（Jessica Hardy）是美国著名的女子游泳运动员，生于1987年3月，自2005年起进入美国国家游泳队。她在2008年7月初的美国游泳奥运选拔赛上获得了参加2008北京奥运会女子50米自由泳、100米蛙泳、4×100米自由泳接力、4×100米混合泳接力的入场券。7月1日、4日和6日三天，她分别接受了兴奋剂检查，其中4日采集的样本A瓶呈克仑特罗阳性，随后哈迪申请了对B瓶的检测，检测结果依然呈克仑特罗阳性。她于1日和6日的尿样最初显示为阴性结果，美国反兴奋剂机构（USADA）对这两个样本进行再次分析，结果显示疑似有克仑特罗成分。7月21日，哈迪收到了USADA的尿检阳性的通知，只能无奈放弃参加北京奥运会。

经调查听证，哈迪在备战奥运选拔赛时每天服用某营养品制造商为她提供的营养补剂"Arginine Extreme"，制造商声称其产品绝对不含有违禁物质，并在公司网站上也宣称这种运动补剂能天然地提高运动表现，不含有类固醇等违禁成分。被查出阳性后，哈迪雇用了一家权威检测机构检测该公司生产的营养品，检测结果显示产品确实含有违禁物质。

哈迪因尿检呈克仑特罗阳性，最初被美国仲裁委员会（AAA）临时裁决禁赛1年，从2008年8月1日开始起算。但是WADA不认可此裁决，认为按

照 2008 年 7 月之前的规则，样本检测结果呈克仑特罗阳性，禁赛期为 4 年，哈迪甚至可能无缘 2012 年的伦敦奥运会。哈迪、USADA、国际游泳联合会、美国奥委会、WADA、IOC 陪审团多方经过多轮次的交锋、举证、上诉，最终国际体育仲裁法庭（CAS）承认了 AAA 的临时裁决，废止了 WADA 的裁决，哈迪最终被禁赛 1 年，无缘 2008 北京奥运会。

要点解析

本案例中的运动员的样本检测呈克仑特罗阳性，构成了《世界反兴奋剂条例》中定义的第一条违规："在运动员的样本中发现禁用物质或其代谢物或标记物。"[2]

哈迪作为高水平运动员，接受过多次的反兴奋剂教育，理应对于营养补剂持非常谨慎的态度，合理怀疑营养补剂的安全性问题。在 WADA 和其他反兴奋剂机构明确强调营养补剂的潜在风险后，哈迪依然在奥运会赛前选择相信了制造商对于产品的功效宣称，并使用了这些产品。虽然哈迪与制造商签订了正式的商业合同，制造商也保证营养品不含任何违禁物质，但是产品未经兴奋剂检测，无法保证是否在生产过程中存在疏忽，造成风险点。该运动员在大赛前贸然使用未经兴奋剂检测的营养补剂，也没有征询队医或者营养专家的意见，一定程度上是在冒险，最终导致因为误服了被兴奋剂污染的营养补剂而被禁赛，得不偿失。

特雷斯·约豪格案[4]（挪威）

案情介绍

特雷斯·约豪格（Therese Johaug）是挪威一位优秀的越野滑雪运动员，2016年8月底，她在意大利的一个训练营训练时中暑，出现了发烧和腹泻症状，同时她的嘴唇也被晒伤。随后约豪格致电了她的队医说明了自己的情况，队医当时觉得情况不是很严重，因此并未做处理。几天后，她被晒伤的嘴唇出现了大水疱，并且水疱破裂，疼痛加剧，再次告知队医后，队医赶到运动员住地查看伤情后，由于当时没有带对症的药物，就在当地一家药店购买了两种非处方药物，其中一种是不含违禁成分的 Terra-Cortril，另一种是 Trofodermin。当时，队医也注意到 Trofodermin 成分中含有 Clostebol（氯司替勃），但他并不确定它是否属于禁用物质。队医在给约豪格使用了 Terra-Cortril 后，发现她的嘴唇状况没有改善。第二天，队医将 Trofodermin 药膏交给约豪格，并告知她该药膏的使用方法。约豪格询问队医这种药膏使用起来是否安全，队医回答该药膏是可以使用的。随后约豪格将带有包装盒的 Trofodermin 药膏带回了房间，在房间里，她取出了药膏和附带的说明书。说明书是意大利文的，因为她不懂意大利文，就把说明书扔掉了。她没有检查包装盒，也没有注意到盒子侧面有一个红色的"兴奋剂警告"字样就把包装盒扔掉了。

约豪格使用药膏十天后，嘴巴的伤情有所好转。随后，在赛外兴奋剂检查中约豪格被查出氯司替勃阳性，氯司替勃属于S1蛋白同化制剂，赛内外均禁用。Trofodermin 药膏是一种治疗受损皮肤的外用药，没有在挪威注册，但在意大利是一种非处方药。包装上明确标明了两种成分：① 硫酸新霉素（0.5%）；② 醋酸氯司替勃（0.5%）。根据约豪格过错程度及相关条例，禁赛期应该在16个月到20个月。考虑到她之所以相信药品是安全可用的，是基于药品是由医生购买且医生明确地保证该药物的安全性，以及根据 WADA 条例及相关规定，运动员无重大过错或无重大疏忽最多可缩减一半的禁赛期，因此本案中，约豪格的禁赛期为12个月到24个月，最终 CAS 裁决其禁赛18个月。

要点解析

本案中的运动员的样本检测呈氯司替勃阳性，构成了《世界反兴奋剂条例》中定义的第一条违规："在运动员的样本中发现禁用物质或其代谢物或标记物。"[2]

约豪格作为顶尖水平的运动员未尽到应尽的谨慎义务，她在使用前选择相信自己的队医而并未检查包装上的标识，而是直接把药物包装和使用说明书扔掉了。运动员必须做到"极其谨慎"才可以被认定为无过错。"极其谨慎"义务的最基本的要求包括：① 检查产品标签；② 进行网络检索等。运动员不能放弃履行自己的职责而仅依赖于医生来避免摄入禁用物质，运动员不应把其反兴奋剂义务委托给第三方代为履行，运动员是反兴奋剂义务的第一责任人，必须对进入自己身体的物质负责，若因为疾病确需服用含有禁用物质的药品，应及时申请 TUE，获批后方能使用。

拉德瓦·阿拉法·阿卜杜勒·萨拉姆案[5]（埃及）

案情介绍

拉德瓦·阿拉法·阿卜杜勒·萨拉姆（Radwa Arafa Abd Elsalam）是埃及的空手道运动员，出生于 1997 年 7 月。2015 年 8 月 7 日，她在埃及开罗接受的一次赛外兴奋剂检查中被检测出莱克多巴胺阳性，萨拉姆放弃了 B 瓶的检测，但申请了听证。2015 年 11 月 3 日，埃及国家反兴奋剂机构纪律委员会做出对该运动员禁赛 2 年的决定。萨拉姆不满埃及国家反兴奋剂机构纪律委员会的决定，随后向埃及国家反兴奋剂机构上诉小组提起上诉。萨拉姆解释称其未成年，以前也从未使用过兴奋剂，并且莱克多巴胺在多个国家被用作饲料添加剂，她一定是吃了被莱克多巴胺污染的食物导致的阳性，而并非故意使用。埃及国家反兴奋剂机构上诉小组采纳了萨拉姆的主张，认定该运动员的违规是无意之中食用了被污染的食物所导致，因此，将其禁赛期减轻至 6 个月。但 WADA 并不认同埃及国家反兴奋剂机构上诉小组的裁决，随后以运动员及埃及国家反兴奋剂机构为被上诉人向 CAS 提起上诉。上诉人 WADA 的主要主张为：虽然莱克多巴胺未被明确列入 2015 年版《禁用清单》中，但是属于 S1.2 其他蛋白同化制剂的非特定物质。根据 *EGY-NADO Rules* 第 10.2.1.1.1 条的规定，如果禁用物质不涉及特定物质，且运动

员未能证明其并非故意构成兴奋剂违规，则禁赛期为 4 年。运动员不能仅主张其体内的禁用物质来源于食品污染，而必须提供具体的证据证明其摄入了含有禁用物质的食品，萨拉姆只是声称莱克多巴胺的检测结果可能来自她食用的肉，但是她只出示了"许多国家使用莱克多巴胺作为饲料添加剂"的相关研究资料，而并没有提供任何直接的证据证明她当时确实吃过受莱克多巴胺污染的肉类。因此，她的解释不过是一种猜测。WADA 没有发现埃及有任何其他运动员食用受莱克多巴胺污染的肉类的案例。仅仅通过推测可能的食品污染来确定禁用物质的来源，有悖于 WADA 的宗旨。另外，萨拉姆在接受赛外检查时并非未成年人，实际上当时她已经 18 岁 1 个月零 7 天了。

　　萨拉姆主张自己不具备更多的反兴奋剂知识，WADA 没有向运动员发出任何警告，说明哪种肉类可能含有禁用物质，因此，她不可能知道食用某些肉类可能会有风险，而斋月期间运动员在家里就餐，吃了其父购买的大量肉食品。这些意图表明她不存在任何过失。同时，她还强调空手道项目对运动员的力量和肌肉要求不高，只要求敏捷、速度和肌肉控制力，不需要使用莱克多巴胺来增强运动能力。之所以放弃申请对 B 样本进行检测，是出于费用方面的考虑。CAS 认为萨拉姆提供的证据无法直接证明其非故意使用，最终仍裁定其禁赛 4 年。

要点解析

本案中的运动员的样本检测呈莱克多巴胺阳性，构成了《世界反兴奋剂条例》中定义的第一条违规："在运动员的样本中发现禁用物质或其代谢物或标记物。"[2]

运动员是反兴奋剂的主体，确保任何禁用物质不进入自己体内是每个运动员的义务。为了防范兴奋剂，运动员应该积极主动学习最新版的《禁用清单》，清楚各种禁用物质和方法，有意识地避免误服误用兴奋剂，而不是把反兴奋剂的责任推卸给组织或者其他人。

萨拉姆作为刚成年的运动员，对于自己所承担的责任可能还没有足够的重视，因此导致兴奋剂违规。18 周岁是一条非常重要的分界线，青少年运动员应该从小加强反兴奋剂学习，要明白成年后将独立承担一切责任，不再享受未成年人的优待。

本案例涉及食品的误服误用，如有直接证据，则可以减轻处罚，但是该运动员仅有其父两张购物票据以及她主张的"莱克多巴胺是饲养牛羊的饲料添加剂"等来试图证明自己没有过失，证据效力不足，故未能免除处罚或者缩减禁赛期。

注释 特定与非特定：依照《世界反兴奋剂条例》条款 4.2.2："为适用第 10 条，除就《禁用清单》中明确列出以外，所有禁用物质均为特定物质。除非在《禁用清单》上明确规定为特定方法，否则任何方法均不属于特定方法。"根据该条款释义，"条款 4.2.2 中确定的特定物质和特定方法不应当视为没有其他兴奋剂物质或者方法重要或危险。相反，这些物质和方法更容易被运动员服用或使用，用于提高运动能力以外的其他目的。"[2]

从 2021 年 6 月 1 日开始，WADA 实施《关于肉食品污染的通知》，对于克仑特罗、莱克多巴胺、齐帕特罗、泽仑诺的检测浓度不大于 5ng/mL，报告非典型性结果。运动员提供足够证据证明是肉食品污染，则不按违规处理。如果检测浓度大于 5ng/mL，按阳性结果处理。[6]

拉兹万·马丁案[7]（罗马尼亚）

案情介绍

拉兹万·马丁（Razvan Martin）
是罗马尼亚的举重运动员，出生于
1991年12月，在2012年7月31日
举行的2012伦敦奥运会男子69公斤
级举重项目的比赛中获得铜牌。

IOC在东京奥运周期执行了一项
任务，对2012伦敦奥运会上收集的
样本进行重新检测分析，规避因技术
原因造成的漏网之鱼。IOC运用最新
的科学检测方法，对于2012年版《禁
用清单》上所列的禁用物质进行了全
面检测分析，发现了一些当年未能发现的兴奋剂违规。2019年12月18日
IOC发现马丁的样本A瓶检测结果呈去氢氯甲睾酮、美替诺龙和司坦唑醇及
其代谢物阳性，并向运动员通知了阳性结果，该运动员申请了B瓶检测并获
得了检测文件，但其在规定时间内没有向CAS提出上诉，接受了IOC纪律委
员会的裁定。

对此，根据适用于2012伦敦第30届奥林匹克运动会的IOC反兴奋剂规
则，马丁被认定违反了反兴奋剂规则（在运动员的身体样本中存在和/或使
用禁用物质或其代谢物或标记物）。因此在时隔8年后的2020年，取消其在
2012伦敦奥运会上男子69公斤级举重项目的资格，取消其在该项目中获得
的铜牌，收回证书等。

要点解析

本案中的运动员的样本检测呈去氢氯甲睾酮、美替诺龙和司坦唑醇阳性，构成了 2021 年版《世界反兴奋剂条例》中定义的第一条违规："在运动员的样本中发现禁用物质或其代谢物或标记物。"[2]

本案中三种物质均为《禁用清单》中的 S1.1a 雄性类固醇激素（anabolic androgenic steroids），为外源性摄入的蛋白同化制剂，为非特定物质。雄性类固醇激素为合成代谢激素，该类物质会刺激肌肉细胞和骨骼细胞生成新的蛋白质来增加肌肉和骨骼重量，使得耐力增强、肌肉发达、增长瘦体重、增加肌肉爆发力，使运动员在一定时间内承受较强的训练负荷，是在力量类运动项目中较常见的禁用物质。

该类禁用物质一般作为药物用于治病，药物的起效相对较慢，一般需长时间服食，其毒副作用发生较慢，且延续时间较长。潜在的毒副作用可引致肝脏、心血管系统、生殖系统发生严重疾病，如肝癌、猝死、不孕不育等。20 世纪中后期类固醇滥用现象非常普遍，出现了诸多不幸的案例，如男运动员猝死、女运动员不孕不育或者孕育先天性缺陷的婴儿，对于个人、家庭造成了灾难性的伤害，对社会造成了非常不良的影响，非但有损国家形象，同时也破坏了公平公正的体育精神，玷污了纯洁的体育竞赛环境。

　　运动员应该为进入自己体内的物质负责，对于在样本中发现的任何违禁物质或其代谢物或标记物负责，切不可为了提高成绩铤而走险去故意使用违禁药物。

防控意见

　　"三品（食品、药品、营养品）"是运动员发生兴奋剂阳性的主要来源。防范误服误用，需要运动队相关人员守好各自的职责。

　　一、关于食品

　　食品是最日常的一关，对于运动员的食品防控，食堂管理人员应把好以下几关：① 生产运输关：与供应商签约明确要求不含兴奋剂，定点供应肉类和蛋类，以备追溯；要求在动物养殖或者治疗过程中严禁使用兴奋剂；把好运输关，防止对于牲口使用 β- 阻断剂。② 检测关：供应商要对食品进行兴奋剂检测；肉食品批批送检；禁止未经备案的食品（含饮品）进入训练基地。③ 出入库关：基地和运动队应专人负责食品安全；出入库有记录，所有检测肉食品在 -20℃ 留样半年；无关人员不得进入食品加工区，监控保留 3 个月以上；餐饮人员每天应有健康和使用药物记录；无关物品不得带入食品加工区。④ 食用关：固定就餐场所，不提供外购熟肉；餐厅设有监控，能完整记录取餐情况；运动员在指定区域就餐，严禁外出就餐或外卖网购；避免食用不熟悉的肉食品，必须食用时，拍照记录，以便追溯；避免食用含有去甲乌药碱的食品，如波叶青牛胆、附子、乌头、乌药、细辛、莲子、莲子心、藕节、释迦、山药、玉竹、淮山、胡椒、花椒、桂皮等；开封后脱离视线的饮料不喝，不常见品牌的饮料不喝，不熟悉的水果不吃；特殊的时候，比如外训转场或者在家就餐，优先食用鱼类、海鲜、蛋、蔬菜、水果等食物。

　　二、关于药品

　　运动员安全用药也是很重要的一环，运动员应该在队医的指导下安全用药，没有队医陪同的情况下首选去正规大医院就医，告知运动员身份。在使用药物前，可以通过中国反兴奋剂中心的运动员安全用药查询系统查询是否含违禁物质，以及允许使用的场合和剂量。对于中药或者中成药，如果成分不明要谨慎使用，最好不用。常见的很多中药和药材含有兴奋剂，有的来自药材本身，有的来自加工污染。

三、关于营养品

运动员只能使用运动队提供的营养品，不得私自网购营养品，使用的营养品必须有同批次兴奋剂检测报告，且在使用时一定要格外谨慎并做好使用记录。因为营养品的成分和生产工艺复杂，即使经过检测合格的营养品，仍存在兴奋剂的风险。

许多国家的营养品生产和标签管理可能不严格，或没有得到监管，可能含有禁用物质，服用可能会导致兴奋剂违规。营养品是误服兴奋剂的主要原因之一，大量的兴奋剂阳性归因于滥用营养品，这在兴奋剂听证会中是不能作为逃避处罚的借口的，运动员应权衡风险和利益，必须了解服用营养品可能导致的兴奋剂阳性风险。无论体内的禁用物质是如何产生的，运动员都要对此负责，这是一个需要承担的重要责任。

第二节 使用或企图使用某种禁用物质或禁用方法

伊里尼·科基纳里乌案[8]（希腊）

案情介绍

2012 年 12 月 4 日，CAS 在摩纳哥审理裁定希腊田径运动员伊里尼·科基纳里乌（Irini Kokkinariou）生物护照违规一案，这是关于运动员生物护照审理成功的第一个案件。

科基纳里乌是希腊女子长跑运动员，主要参赛项目为 3000 米障碍赛。她参加了 2006 年欧洲锦标赛，2007 年、2009 年及 2011 年世界锦标赛和 2008 北京奥运会。但在 2012 年，由于使用血液兴奋剂她被禁赛 4 年。

科基纳里乌在 2009 年至 2011 年的血液样本异常，违反了国际田联规则第 32.2（b）条（使用或企图使用禁用物质或禁用方

法），希腊田径联合会（SEGAS）由此裁决她禁赛 2 年。

国际田联同意 SEGAS 关于科基纳里乌违反反兴奋剂规则的观点，但认为科基纳里乌长期重复使用血液兴奋剂且参与了精心策划的使用兴奋剂计划，依据国际田联规则第 40.6 条，属于加重处罚情节。因此国际田联就 SEGAS 的决定向 CAS 提出上诉，要求将禁赛期延长为 4 年。

CAS 独立仲裁员经调查认为科基纳里乌长期重复使用血液兴奋剂的证据确凿，同意国际田联的观点。对此，从 2011 年 10 月 27 日临时停赛之日起，科基纳里乌受到为期 4 年的禁赛处罚，且从她首次被发现使用血液兴奋剂（2009 年 7 月 2 日）到临时停赛之日，她的所有成绩均被取消。

要点解析

本案中的运动员使用了禁用方法，构成了"运动员使用或企图使用某种禁用物质或禁用方法"的违规。[2]

生物护照是当前世界反兴奋剂斗争的又一"新武器"，依据《检查和调查国际标准》和《实验室国际标准》收集和分析数据的项目和方法，生物护照是运动员的一个电子生物信息记录，里面收集了每位运动员的血样和尿样的各项指标，对能间接反映禁用物质和禁用方法的一组生物指标进行长期不定期检测，以此设置一个医学资料库，将血液指标与类固醇等违禁物质相结合进行分析，将比赛后采集的运动员的血样和尿样指标与之相比较。收集数据建立数据库，通过生物指标的变化判断运动员是否违规。简单来说，一些禁用物质在较短时间内可代谢干净，这时传统的兴奋剂检查（如尿检）就无法查出，而禁用物质对人体的影响和作用将持续较长时间，人体的某些生理指标也会发生波动。生物护照项目可通过对运动员的相关生理指标进行长期监测，通过波动间接地确定运动员是否违规。

该运动员 2009 年至 2011 年血液样本异常，足以证明该运动员使用禁用物质和 / 或禁用方法。使用或企图使用禁用物质或禁用方法是否既遂并不重要，只要使用或企图使用禁用物质或禁用方法就足以构成兴奋剂违规。任何可靠的方法都可以用于证明使用或企图使用禁用物质或禁用方法，例如运动员的自认、证人证言、书面证据、从纵向档案中得出的结论，包括作为运动员生物护照的一部分收集的数据。

运动员对于使用兴奋剂不要持有侥幸心理，不断发展的科技手段助力反兴奋剂工作质量的不断提升，魔高一尺，道高一丈，使用兴奋剂终将被严厉处罚。

瑞恩·罗切特案[9]（美国）

案情介绍

2018 年 7 月 23 日，美国反兴奋剂机构（USADA）宣布了一项制裁决定，对佛罗里达州盖恩斯维尔游泳运动员瑞恩·罗切特（Ryan Lochte）禁赛 14 个月，原因是他在没有申请 TUE 的情况下，在 12 小时内接受静脉输液量超过了 100mL，此举违反了反兴奋剂规定。

罗切特是美国全能游泳运动员，男子 200 米混合泳世界纪录保持者，以及 100 米、200 米和 400 米混合泳短池世界纪录保持者，是与菲尔普斯同时期的美国游泳巨星。他是禁止穿着快速高科技泳装后第一个打破长池世界纪录和个人单项短池世界纪录的人。他在 2012 伦敦奥运会 400 米男子混合泳和 4×200 米自由泳比赛中摘得金牌，在 2015 年喀山世锦赛获得 200 米混合泳冠军，实现该项目四连冠，并获男女混合 4×100 米自由泳接力金牌。

值得一提的是，2016 里约奥运会期间，罗切特里约被劫案引发轩然大波，巴西警方调查后认定罗切特报假警，罗切特也因此被美国奥委会和美国泳协禁赛 10 个月，并上缴里约奥运会夺金所获得的 10 万美元奖金。

2018 年 5 月 24 日，33 岁的罗切特在社交媒体上发布了一张自己接受静脉注射的照片，随后 USADA 启动了调查。调查显示罗切特虽然没有使用违禁物质，但他在没有获得 TUE 的情况下，12 小时内接受静脉输液量超过了 100mL。

根据 USADA 和 WADA 的规定，罗切特使用了《禁用清单》中规定所有场合禁用（赛内和赛外）的禁用方法：每 12 小时的静脉输液和 / 或静脉注射量累计超过 100mL，但在医院治疗、手术治疗或临床诊断检查过程中正当使用的除外。他的静脉注射行为构成了"运动员使用或企图使用某种禁用物质或禁用方法"的违规，USADA 裁决其禁赛 14 个月。

要点解析

罗切特在没有申请 TUE 的情况下，12 小时的静脉输液和 / 或静脉注射量累计超过了 100mL，属于使用禁用方法。

未经 TUE 事先批准，不管出于何种目的，12 小时内输液超过 100mL 的，都构成了使用禁用方法这一违规，包括不含禁用物质的膳食补充剂和维生素，以及出于疾病康复、体力恢复等目的使用。但需要注意的是，在医疗紧急情况下，可以根据《治疗用药豁免国际标准》的可追溯性申请 TUE。

瑞贝卡·科利案[10]（美国）

案情介绍

瑞贝卡·科利（Rebekah Koehly）是一名美国举重运动员，在 2020 年 11 月 14 日的一次赛内兴奋剂检查中，她申报自己曾使用了睾酮。睾酮是 WADA《禁用清单》中的 S1 蛋白同化制剂，赛内外均禁用。蛋白同化制剂能有效提高运动员的竞技水平，使用这种物质对于同场竞技的对手来说是不公平的。

经过调查，USADA 发现科利是出于治疗目的，在医生的指导下使用了睾酮，但她没有申请和获批 TUE。科利的行为构成了持有兴奋剂和使用或企图使用兴奋剂这两项违规，USADA 裁决其禁赛 20 个月，禁赛期从 2020 年 11 月 14 日，即她申报自己使用了睾酮之日起，她从那日起所获得的成绩被取消、奖牌被没收、积分被撤销，奖金也被收回。

要点解析

对于运动员而言，应当对进入自己体内的一切物质负责，本案中的运动员因治疗目的，在医生的指导下使用了睾酮，但她没有和医生确认该物质是否运动员禁用，之后也没有发现并追补申请 TUE，因而她的行为构成了持有兴奋剂和使用或企图使用兴奋剂，接受了相应的处罚。运动员在日常训练和生活中，特别是在就医时，应当牢记自己的运动员身份，提高警惕，避免兴奋剂违规行为。

防控意见

当运动员发生伤病时，《禁用清单》是运动员治疗伤病用药的基本依据，运动员如因治疗目的确需使用其中的禁用物质或禁用方法时，需依照规定提出 TUE，获得批准后方可使用。运动员应掌握《禁用清单》内容：① 清单各类物质的分类；② 赛内禁用物质和赛外禁用物质的区别；③ 一些药物的允许使用剂量；④ 每年禁用清单的主要变化。此外，运动员在就医时，应首选队医陪同到正规医院就医，如队医无法陪同，必须向就诊医生表明自己的运动员身份，提醒医生，不能服用含有禁用物质的药品或使用禁用方法。队医需对运动员使用的药物进行审查，保留记录。

第三节　逃避、拒绝或未完成样本采集

恰克·肯达夫案[11]（肯尼亚）/泰勒·格雷厄姆案[12]（美国）/钱某某案[13]（中国）

案情介绍

恰克·肯达夫（Jacob Kibet Chulyo Kendagor）是肯尼亚的田径运动员。2018年11月21日，DCO和BCO抵达肯尼亚埃尔多雷特，对其进行赛外兴奋剂检查，此检查为国际田联的生物护照项目。因DCO和BCO并不认识该运动员，仅能通过运动员的邮寄地址和证件等进行识别。检查团队根据运动员申报的地址到达检查地后，找到了一名运动员，他们相信那就是肯达夫本人，并通知他接受兴奋剂检查。然而，这名运动员拒绝接受检查并声称自己三年前已经退役。随后，DCO和BCO告知这名运动员不接受检查的后果并要求他表明自己的身份，该运动员说自己的姓氏是

"Chepkwony"，并要求 DCO 和 BCO 离开自己的住所。DCO 和 BCO 离开了该运动员的住所并向国际田联进行汇报，几分钟后，DCO 和 BCO 返回，而那名运动员已经不见了。DCO 和 BCO 试图找到此人，并向该处住所内和周围的人进行了询问，试图找出该处住所所有者的身份，但在那等候了一小时后，运动员仍未返回。于是，DCO 和 BCO 开车前往附近的庄园，向那里的邻居进行询问，得知该处正是肯达夫的住所。此后，DCO 和 BCO 通过互联网，搜索到了该运动员的照片，并确定他们之前看到并与之交谈的人就是肯达夫。

　　随后，检查团队上报了情况，国际田联诚信委员会对该案进行了调查并对运动员做出了无罪处罚决定，随后国际田联因不满判决将此案上诉至 CAS。CAS 调查发现该运动员此前声称的"三年前退役"及自己的姓氏是 "Chepkwony"均不是事实，最终 CAS 判定运动员违反《世界反兴奋剂条例》2.3 条规定"运动员逃避、拒绝或未完成样本采集"，禁赛 4 年，肯达夫在 2018 年 11 月 21 日至 2019 年 10 月 22 日所获得的比赛成绩被取消，奖牌被没收，积分被撤销，奖金被收回[11]。

　　泰勒·格雷厄姆（Taylor Graham）是美国的轮椅网球运动员。2021 年 9 月 8 日，USADA 对格雷厄姆实施赛外兴奋剂检查。当日下午，DCO 来到了运动员行踪信息申报地址。DCO 按了门铃也敲了门，却没有回应。随后 DCO 拨打了运动员电话，接听者正是运动员本人，DCO 表明了自己的身份，告知了自己所处的位置，明确告知运动员需要接受兴奋剂检查，而运动员却说自己正在亲戚家吃饭。DCO 提出碰面并要求其完成样本采集，但是运动员声称自己已经不在注册检查库内，打算退役，并询问 DCO 如果自己没有完成兴奋剂检查会有什么后果。DCO 告知其可能遭受到禁赛 4 年的处罚以及进一步的后果，但运动员听后仍表示自己不会完成兴奋剂检查。随后，DCO 向运动员宣读了运动员拒绝接受检查的后果，

宣读完毕后，DCO 询问运动员是否改变主意愿意接受检查，运动员仍旧坚持不接受兴奋剂检查。最后，DCO 告知运动员会将事实通知 USADA，并结束了通话。

随后 USADA 对此案件展开了调查。调查后 USADA 正式指控运动员兴奋剂违规，违反了《世界反兴奋剂条例》第 2.3 条明确规定。运动员对指控提出异议并要求举行听证会，该案件被递交至 CAS。最终运动员承认自己拒绝样本采集，并认为自己 100% 有罪。CAS 最终裁决运动员违反《世界反兴奋剂条例》第 2.3 条规定"运动员逃避、拒绝或未完成样本采集"，禁赛 4 年[12]。

钱某某是我国的田径长跑运动员。2021 年 5 月 30 日 9 时许，DCO 来到钱某某所在的小区，此时 DCO 发现马路上有一名正在训练的运动员，通过比对照片，DCO 确认此人就是所要检查的运动员钱某某。待运动员结束训练后，

DCO 立即上前通知了运动员，此时，钱某某转身走向身边的一名男士稍作沟通后，突然加速离开，DCO 立即跟了上去，可是没能跟上运动员的脚步。随后 DCO 多次拨打钱某某电话，始终无人接听。

　　钱某某的行为构成了"运动员逃避、拒绝或未完成样本采集"的兴奋剂违规，被裁决禁赛 4 年，并承担 40 例样本的检测费用[13]。

要点解析

　　以上三个案件，运动员都违反了《世界反兴奋剂条例》第 2.3 条规定："逃避、拒绝或未完成样本采集"。也就是说，无论是否服用兴奋剂，逃避、拒绝或未完成样本采集本身已构成违规[2]。他们也因此受到了禁赛的处罚。

　　此条违规包含三层含义，即"逃避"、"拒绝"和"未完成"样本采集，均属兴奋剂违规范畴。如果证明运动员故意避开 DCO 以逃避通知或检查，则构成违反"逃避样本采集"的兴奋剂违规。违反"未完成样本采集"的违规可能基于运动员的故意或疏忽行为，而"逃避"或"拒绝"样本采集则考虑是运动员的故意行为。

接受兴奋剂检查是每位运动员应尽的义务，无论是在赛内还是赛外收到兴奋剂检查的通知，运动员都应主动配合检查，切不可心存侥幸，逃避、拒绝或未能完成样本采集，此类行为将受到处罚。

防控意见

不管是运动员还是辅助人员都应该提升对《世界反兴奋剂条例》的认识，认识其规则的强制性。《世界反兴奋剂条例》中明确"随时准备接受样本采集"是运动员的责任和义务，任何逃避和拒绝接受兴奋剂检查的行为都是不可取的。运动员一旦被通知接受兴奋剂检查，务必要积极配合，坚决杜绝出现"逃避通知"、"拒绝样本采集"和"未完成样本采集"的行为。此项兴奋剂违规的界定不以检测结果为判断标准，而是以运动员采取的行为为判断依据，这也是全球加大兴奋剂违规惩处力度、净化体育环境的有力举措。

第四节　违反行踪信息管理规定

克里斯蒂安·科尔曼案[14]（美国）

案情介绍

克里斯蒂安·科尔曼（Christian Coleman）是美国田径新星，2019 年多哈田径世锦赛上，23 岁的他以历史上排名第六的惊人成绩（9.76 秒）夺得男子百米飞人大战冠军[15]，并同队友一起帮助美国队在男子 4×100 米接力赛中再添金牌。在男子 100 米项目中，科尔曼被认为是最有可能成为博尔特的接班人[16]。

　　然而根据 AIU 官网公布的信息，科尔曼却在 2019 年 12 月 9 日错过了检查，而此前，他曾分别于 2019 年 1 月 16 日错过检查、2019 年 4 月 26 日行踪信息填报失败。2020 年 6 月 16 日，AIU 宣布，根据世界田联的反兴奋剂规定，由于科尔曼 12 个月内 3 次错过检查及违反行踪信息管理规定，他被处以禁赛 2 年的处罚。科尔曼之后进行了回击，他声称在过去 12 个月中确实曾 3 次收到 AIU 指控其错过检查的通知，但他表示只愿意为其中一次错过检查承担责任，并一直在对 12 月 9 日错过检查进行申诉。

　　科尔曼表示 2019 年 12 月 9 日兴奋剂检查当日他只是在距家 5 分钟路程的商场购物，他声称他在一小时的建议检查时间结束前不久回到了家里，其间他并不知道 DCO 访问了他的住所，也没有任何记录显示有人到过他家中，并拿出了当晚的购物小票和支付凭证为证。同时，他控诉检查机构没有尝试与他通过电话联系[15]。

　　另一边，AIU 不认可科尔曼的陈述，并指出科尔曼并未在规定的 60 分钟时间段内返回他的公寓接受检查。AIU 表示 DCO 和 BCO 在当晚用尽了一切方法，也未能在科尔曼的家中找到他。同时，DCO 和 BCO 用照片清晰地证明了在当天晚上建议检查时间段内，他们所陈述的所有事实。显然科尔曼错过这次检查是基于他本身的疏忽。

针对科尔曼控诉兴奋剂检查官没有尝试与他通过电话联系，AIU 证实了兴奋剂检查当晚 DCO 确实没有打电话。为此，仲裁小组支持科尔曼的部分上诉，并将禁赛期从 24 个月减至 18 个月。尽管如此，他仍错过了 2020 东京奥运会，这对于美国田径队来说是一个极大的损失。

要点解析

根据《世界反兴奋剂条例》的要求，注册检查库和检查库运动员定期上报住宿及训练地点等行踪信息，反兴奋剂机构可在比赛以外进行突击检查。根据规定，12 个月内 3 次错过检查或行踪信息填报失败，会被认定为一次兴奋剂违规，将视具体情况对运动员处以 1 年到 2 年的禁赛处罚[2]。

该案中运动员之前分别于 2019 年 1 月 16 日错过检查、2019 年 4 月 26 日行踪信息填报失败，在已经发生过两次违反行踪信息管理规定的情况下，他应该提高警惕，为了防止再次错过检查的情况发生，他应在建议检查时间停留在申报的地点，而他并没有这样做。该运动员仍然不以为意地冒着错过兴奋剂检查的风险选择在建议检查时间段内离开申报地去了商场，完全忽视了建议检查时间段运动员的职责。该运动员并不是因为某种紧急或不可预见的情况外出，只是去当地商场购物休闲，他并没有把兴奋剂检查放在心上。他的这次错过检查是基于他本身的疏忽大意，他的这种缺乏警觉和对待兴奋剂检查不以为意的态度最终造成了他的兴奋剂违规。

莫里斯·穆内内·加查加案[17]（肯尼亚）

案情介绍

莫里斯·穆内内·加查加（Morris Munene Gachaga）是一名 26 岁的肯尼亚男子长跑运动员，根据 AIU 官网公布的信息，该运动员在 2020 年 12 月 19 日开始的 12 个月内累计有 3 次错过检查或行踪信息填报失败，被认定为一次兴奋剂违规。

在 2020 年 12 月 19 日、2021 年 10 月 6 日和 2021 年 12 月 13 日的三次检查中，都分别有一名 DCO 和一名 BCO 在加查加指定的建议检查时间段内，前往他的行踪申报地址，对其进行兴奋剂检查，但 3 次检查中检查官们都未见到他本人。

第一次，检查官们只见到了他的妻子，从他妻子口中得知，他去了购物中心，于是检查官打电话要求他在建议检查时间段内返回检查地，但他声称他在肯尼亚的恩布，并不在建议检查地，自己也并不能在建议检查时间段内返回检查地。最终加查加未能返回申报地点接受兴奋剂检查。之后，AIU 通知他 2020 年 12 月 19 日发生错过检查事件，

希望他对此次错过检查做出解释。规定日期内 AIU 没有收到加查加方任何答复和解释。因此，AIU 对加查加记录了第一次错过检查。

第二次，检查官们只见到了他的一名助理教练詹姆斯（James）先生，詹姆斯告诉 DCO，加查加在检查日的前一天去了内罗毕申请签证。这一次，运动员也没在检查时间段内返回申报地点接受兴奋剂检查。之后，AIU 收到罗

塞拉·格拉齐奥托（Rossella Grazziotto）女士代表加查加提交的解释，解释中称他们忘记更新运动员的行踪信息，因此，AIU 对加查加记录了第二次行踪信息填报失败。

第三次，检查官们依旧吃了闭门羹。检查官从第三方获悉，加查加已于 2021 年 11 月中旬离开申报地，当时正在肯尼亚的恩布训练，这一信息也得到了恩布当地其他第三方的证实。加查加再次错过了兴奋剂检查。在加查加方代表为其提交的解释中，AIU 获悉他决定留在肯尼亚的恩布，而不是回到他的行踪申报地点，而他忘记将这一决定告知他的代表，导致他的行踪信息没有及时更新。因此，AIU 对加查加记录了第三次行踪信息填报失败。

虽然这是加查加第一次违反反兴奋剂规则，但他还是受到了禁赛 2 年的处罚。同时，AIU 取消了他自 2021 年 12 月 13 日以来的所有比赛成绩，没收奖牌、撤销积分和收回出场费。

要点解析

依照《结果管理国际标准》《检查和调查国际标准》，注册检查库运动员的下列行为构成违反行踪信息管理规定："运动员本人或其委托的第三方未能准确、完整地申报或更新行踪信息，导致反兴奋剂机构未能在其申报的时间和地点找到运动员接受检查，运动员将被判定为未按规定申报行踪信息。""未能在指定日期的 60 分钟建议检查时段内出现在所申报的地点接受检查，运动员将被判定为错过检查。"[18-19]

本案中，加查加三次错过兴奋剂检查均不是因为某种紧急或不可预见的情况外出，例如紧急就医、家庭变故和危机等原因。加查加的第一错过检查，是因为他前往了距行踪申报地址较远的地方购物，导致自己无法在填报的建议检查时间内赶回，这一欠考虑的行为显示出他对兴奋剂检查不够重视。加查加第二次错过检查，是因为他的代表忘记帮他更新行踪，而第三次错过检查则是因为没有告知代表自己的行踪变更，后两次错过检查凸显了运动员的团队缺乏灵敏性和专业性，对于运动员在行踪方面的沟通也不够及时，但最重要的还是运动员本人没有认识到自己是行踪信息申报的第一责任人，不能将申报的责任转交给其他人。

科斯塔斯·肯特里斯和卡特琳娜·塔努案[20]（希腊）

案情介绍

科斯塔斯·肯特里斯 (Costas Kenteris) 和卡特琳娜·塔努 (Katerina Thanou) 是希腊的田径明星，也是一对情侣，在 2004 雅典奥运会开幕式前夕，当 DCO 来到肯特里斯和塔努位于奥运村的住所对他们进行兴奋剂检查时，他俩却失踪了。几小时后，这对情侣出现在当地一家医院，声称他们在一场摩托车事故中受伤，随即被送进了医院，医生要求他们留院观察数天。他们的教练赫里斯托斯·泽科斯（Christos Tzekos）事后帮肯特里斯和塔努解释说，DCO 去找他俩的时候，他们正在家中取忘记带进奥运村的一些衣服，他们的手机关机，接收不到任何电话和消息，随后在回程中遭遇了摩托车事故。

这已经不是肯特里斯和塔努第一次错过兴奋剂检查了，在雅典奥运会前的几个月里，这对训练伙伴还错过了另外两次检查，分别发生在 2004 年 7 月 28 日和两周后的 2004 年 8 月 11 日。

基于肯特里斯和塔努两人先前已有两次错过兴奋剂检查，从一开始，这起摩托车事故就引起了警方的怀疑，他们怀疑这起事故是两人为了逃避兴奋剂检查而编造的借口。调查中警方发现这两名运动员对摩托车事故的描述前后不一致，他们的陈述并不合理。虽然警方怀疑这两人是否真的发生了事故，或者他们是否报了假警，但还是缺少有力证据。IOC 的官员表示，肯特里斯和塔努经常性错过兴奋剂检查，他们也经常无法准确获得肯特里斯和塔努的行踪信息。

在错过检查和所谓"摩托车事故"发生六天后，IOC 举行了一场听证会，在会上，肯特里斯和塔努上交了他们的奥运资格证书并宣布他们将退出雅典奥运会。由于他们退赛，IOC 无法对这两名运动员采取任何行动，但 IOC 随后将此案移交给了国际田联。由于缺少有力证据证明肯特里斯和塔努伪造摩托车事故报假警，国际田联致函希腊田径联合会（SEGAS）指控这两名运动员在 12 个月内累计出现 3 次错过兴奋剂检查。但随后 SEGAS 审查小组却判定肯特里斯和塔努没有违规。国际田联兴奋剂审查委员会立即对这一裁决向 CAS 提出上诉。2006 年 6 月 26 日，CAS 裁定违规有效，肯特里斯和塔努接受了 CAS 的裁决，放弃了继续上诉，承认自己 12 个月内错过了 3 次兴奋剂检查，违反了 WADA 和国际田联的反兴奋剂规则。最终，肯特里斯和塔努被判罚禁赛 2 年。

要点解析

该案中两名运动员连续多次提交错误的行踪信息，在改变行程时没有第一时间变更行踪信息。在三次错过检查过程中，这两名运动员没有诚实地面对自己的错误，在事后为自己错过兴奋剂检查找各种理由，虽然这次判决最终没有有力证据证明他们在错过检查过程中有撒谎、伪造事故、提供虚假信息等行为，但是一次逃脱只是侥幸，如果他们不能正视自己的错误，终将会带来更严重的处罚。

防控意见

行踪信息对"纯洁体育"有重要意义，兴奋剂检查采取事先无通知的检查模式，这是防范和打击兴奋剂的最有效手段，也是增强运动员和公众对体育纯洁性的信心的重要措施。准确的行踪信息对于保证兴奋剂检查的有效性至关重要，其设计初衷就是为了保护体育的纯洁和诚实运动员的利益。

运动员可以委托其代理人或其他代表提交行踪信息。但运动员要对其行踪信息负最终责任。所以，即使运动员代表或团队提交了不准确的行踪信息，或者没有及时更新行踪信息，导致运动员错过检查，运动员也不能免责。

在注册检查库和检查库内的运动员必须准确、及时申报行踪信息，确保自己能在申报的行踪信息所指明的地点接受兴奋剂检查，若行踪信息因训练、比赛、个人等因素发生变化，应核实后在变更发生前及时申报。注册检查库运动员应严格遵守申报的建议检查时间和地点，在 60 分钟建议检查时间内停留在申报地点，提高警惕性，切勿抱有侥幸心理。同时，运动员应当正确地看待并履行自身肩负的反兴奋剂责任与义务，一旦出现错误或违规，应当诚实地面对并谨防再犯，而不是用不正当的手段企图蒙混过关。

运动员管理单位应告知运动员相关责任和义务，并监督和协助其按要求完成行踪信息申报。同时，运动员所在单位应积极组织开展"运动员行踪信息申报"相关知识讲座，条件允许的情况下，可以当场指导运动员完成行踪申报工作，帮助广大运动员熟练掌握行踪信息申报的方法，最大限度地杜绝错报、漏报等违规情形的出现。

第五节　篡改或企图篡改兴奋剂管制环节

妮莉·杰普科斯盖案[21]（肯尼亚）

案情介绍

妮莉·杰普科斯盖（Nelly Jepkosgei）是一名 29 岁的肯尼亚中长跑运动员，也是国际田联注册检查库中的运动员。2020 年 3 月 18 日，一名 DCO 在她所申报的建议检查时间段，前往她申报的住处进行兴奋剂检查，但她不在该地点，DCO 只碰到了她的丈夫。杰普科斯盖的丈夫告诉 DCO，她的姐姐出了车祸，因此她紧急离开住处，且在 60 分钟建议检查时间段内赶不回来。即使如此，DCO 仍在 60 分钟建议检查时间段内一直留在她的住处等待，但她最终未能赶回住处接受检查，因此，DCO 向反兴奋剂机构提交了杰普科斯盖的这一次错过检查。

事后，杰普科斯盖通过其授权的运动员代表向 AIU 提交了一份关于 2020 年 3 月 18 日错过检查的书面解释。解释称杰普科斯盖的姐姐在兴奋剂检查日当天发生了严重的车祸并入院治疗，她

非常担心姐姐，以至于没有时间改变行踪信息，并在其60分钟建议检查时间段内赶去了医院。目前她正在等待医院证实她的解释，但是由于COVID-19大流行病的影响，取证会比较艰难。两个月后，AIU陆续收到杰普科斯盖方代表发来的电子邮件，其中附有她姐姐的出院总结文件、两人的出生证明以及姐姐的相关证言等证据，试图证明车祸为真。然而AIU并未完全相信杰普科斯盖的解释和相关证据，进一步要求杰普科斯盖方提交更多车祸和住院细节，但收到的答复始终未能让AIU信服。AIU调查后发现，这起车祸并不存在，医院也没有任何杰普科斯盖姐姐的入院记录，她伪造了相关文件及证言。杰普科斯盖编造谎言并向反兴奋剂组织提供虚假信息，篡改了兴奋剂管制环节，构成了《世界反兴奋剂条例》中定义的第五条违规。因此，AIU判罚她禁赛3年，并取消其自2020年6月15日以来的所有比赛成绩、没收奖牌、撤销积分和收回出场费。

要点解析

本案中的运动员为自己错过兴奋剂检查伪造了相关文件及证言，构成了《世界反兴奋剂条例》中定义的第五条违规："运动员或其他当事人篡改或企图篡改兴奋剂管制过程中的任何环节。"

本案中的运动员是注册检查库中的运动员，但她未在60分钟建议检查时间段出现在自己申报的地点，错过了兴奋剂检查。如果仅仅是这一次错过检查，而没有在12个月连续3次错过检查的话是不会被判兴奋剂违规的。但是她却编造谎言，提供虚假证据，用欺骗的方式试图掩盖其错过检查，篡改或企图篡改兴奋剂管制环节，构成了兴奋剂违规。

柳德米拉·弗拉基米洛夫娜·费多里娃案[22-23]（俄罗斯）

案情介绍

柳德米拉·弗拉基米洛夫娜·费多里娃（Lyudmila Vladimirvma Fedoriva）是一名田径教练，隶属于俄罗斯田径联合会（ARAF）。

2015 年 5 月 7 日，在莫斯科田径锦标赛的一场比赛结束后，运动员迪米特里·哈萨诺夫（Dimitry Khasanov）接到俄罗斯反兴奋剂机构（RUSADA）通知，接受兴奋剂检查。根据 RUSADA 的 DCO 安德烈·克尼亚斯夫（Andrei Knyasev）和陪护人员帕维尔·斯特申（Pavel Steshin）的陈述，哈萨诺夫在抵达兴奋剂检查站后，不愿意遵守 DCO 给他的指示提供尿样，没有按照要求在等候室等候，相反，他一直在等候室外逗留，DCO 决定对他进行轮流监督，直到他准备好接受兴奋剂样本采集。据在场的两名 DCO 回忆，在更换警卫期间，另一名新来到检查站并自称是哈萨诺夫的运动员要求完成兴奋剂检查。

DCO 克尼亚斯夫敏锐地认识到这个新来的运动员不是真正的哈萨诺夫，新来的运动员和原本在检查站等候检查的运动员虽然身材相似，但他们的发型、面部特征和声音都不相同，绝不会是同一个人。两名 DCO 都

相信，这一次针对哈萨诺夫的兴奋剂检查发生了人员替换的情况。

此时，费多里娃出现在兴奋剂检查站，插手了这次兴奋剂检查。DCO也证明，作为哈萨诺夫的教练，她在三到四分钟的时间里一直坚持认为"新来的、有问题的"运动员就是哈萨诺夫，并一直要求DCO对该运动员进行检查。最终费多里娃无法说服DCO认同"新来的、有问题的"运动员就是哈萨诺夫，转而宣称哈萨诺夫不应当参加检查，要求DCO采集新来的运动员的尿样。但她事后却否认她试图影响或说服DCO进行检查这一事实。

DCO最终确认了哈萨诺夫的身份并要求他接受兴奋剂检查。事后，哈萨诺夫提供的样本被检测出群勃龙（Trenbolone）和氧雄龙（Oxandrolone）阳性，这两种违禁物质在WADA 2015年版的《禁用清单》中属于S1蛋白同化制剂，在赛内和赛外都是禁用的。

RUSADA裁定，费多里娃违反《世界反兴奋剂条例》第2.5条，即运动员或其他当事人篡改或企图篡改兴奋剂管制过程中任何环节，构成了兴奋剂违规，被禁赛4年。

要点解析

这个案件中，两名DCO证实费多里娃故意干扰兴奋剂检查。首先她试图劝服DCO，不要对真正的哈萨诺夫进行检查。其次，她暗示DCO新来的替代运动员实际上是被选中接受检查的真正运动员，误导他们对一名并非被选中提交样本的替代运动员进行检查。在以上尝试均失败后，她清楚地知道这名新来的替代运动员不是哈萨诺夫而仍坚持要求 DCO 对其进行检查，这显然是故意篡改兴奋剂检查过程。哈萨诺夫的兴奋剂检查样本最终被发现两种禁用物质呈阳性，费多里娃的行为显然是故意的，她试图篡改兴奋剂管制过程的唯一目的是误导 DCO，避免哈萨诺夫被检测出阳性。费多里娃的行为违反了《世界反兴奋剂条例》第 2.5 条"篡改或企图篡改兴奋剂管制过程中的任何环节"。

丹尼尔·皮内达·康特雷拉斯案 [23-24]（智利）

案情介绍

丹尼尔·皮内达·康特雷拉斯（Daniel Pineda Contreras）是智利的一名短跑和跳远运动员。2012 年 6 月 30 日，康特雷拉斯参加了在哥伦比亚波哥大举行的波哥大大奖赛田径比赛，并在跳远比赛中获得了第一名，他在完赛后被通知进行兴奋剂检查。起初康特雷拉斯拒绝在兴奋剂检查通知单上签字，他借口说自己必须在当天晚上乘飞机返回智利，因此没有足够的时间接受兴奋剂检查。在 DCO 一再警告下，他才同意签署通知单，并进入兴奋剂检查站。第一次采样过程中，采样容器不慎坠入厕所，DCO 对他进行重新采样；在第二次尝试提供尿液样本的过程中，康特雷拉斯将容器放在厕所两个坑位中间，但容器在留样前再次坠入坑内，他声称担心样本被污染，拒绝使用坠落后的容器进行采样。此时，现场还存在两个容器可供使用，但康特雷拉斯认为只剩下一个可使用的容器，因为他看到其中一个容器的塑

料包装上有一个很小的洞，因此康特雷拉斯拒绝继续采样。DCO 没有强制要求康特雷拉斯用剩下的容器继续采样，而是要求工作人员尽快送来新的采样容器以完成兴奋剂检查，但康特雷拉斯却声称自己有急事，拒绝等待，他不顾 DCO 的警告，拒绝 DCO 继续采样的要求并自行终止检查程序。

在此案中，WADA 认为，康特雷拉斯违反了《世界反兴奋剂条例》第 2.3 条，即"运动员逃避、拒绝或未完成样本采集"，以及第 2.5 条，即"篡改或企图篡改兴奋剂管制过程中的任何环节"。智利奥林匹克委员会（COC）仲裁法庭审理此案件后，认为康特雷拉斯在此次检查中的一系列行为只是出于轻率和疏忽，并没有犯下 WADA 指控的任何一项违反反兴奋剂规则的行为，所以对他只处以 3 个月禁赛期的处罚。WADA 对该决定提出质疑，并向 CAS 提交了上诉声明，最终 CAS 审理后认为康特雷拉斯只构成《世界反兴奋剂条例》第 2.3 条违规而不构成第 2.5 条违规。康特雷拉斯最终被处以 2 年禁赛的处罚，同时，他自 2012 年 6 月 30 日起至禁赛期开始前所取得的所有比赛成绩均被取消，并没收奖牌、撤销积分以及收回奖金和出场费。

要点解析

逃避样本采集，或在收到正式授权人员的通知后，在没有令人信服的正当理由的情况下拒绝或未完成样本采集，构成兴奋剂违规。该运动员主张的拒绝或未完成样本采集的理由一是担心过长的检查时间耽误自己的行程，理由二是认为剩下的两个采样容器不符合WADA《国际测试标准》（IST）第6.3.4条规定的最低标准。CAS认为其主张不具说服力，他的行为属于"没有令人信服的正当理由的情况下拒绝或未完成样本采集"，因为DCO提出去取新的容器而他并不愿意等待新的容器的到来继续接受检查，而是擅自结束检查。因此构成《世界反兴奋剂条例》第2.3条的兴奋剂违规，即运动员逃避、拒绝或未完成样本采集。

而CAS认定运动员不构成第2.5条违规有两个原因：一是运动员的行为不符合"篡改"的构成要件，不具有"欺诈的行为"，没有"欺骗的故意"；二是WADA认定的"运动员并非过失将容器打翻，而是故意将容器打翻"，缺乏证据的支撑，不能达到明确的证明标准，因此不构成第2.5条兴奋剂违规。基于此，该运动员被判罚禁赛2年。

防控意见

兴奋剂管制环节是指从兴奋剂检查计划的制定到最终处理上诉的全部步骤和过程。包括提供行踪信息、样本采集、样本的运送和保存、实验室检测、TUE、结果管理和听证会。

运动员或者其他当事人除了要熟悉兴奋剂管制过程中的各个环节，避免在兴奋剂管制过程中的各种违规，还应当树立正确的体育道德观，端正赛风，不存投机取巧的想法，要从思想上拒绝兴奋剂违规，应当正确地看待并履行自身肩负的反兴奋剂责任与义务。

第六节　持有某种禁用物质或禁用方法

瓦赫·阿瓦赞案[25]（美国）/蒂芙尼·帕勒案[26]（美国）/
托马斯·卢顿案[27]（美国）/某体校案[28]（中国）

案情介绍

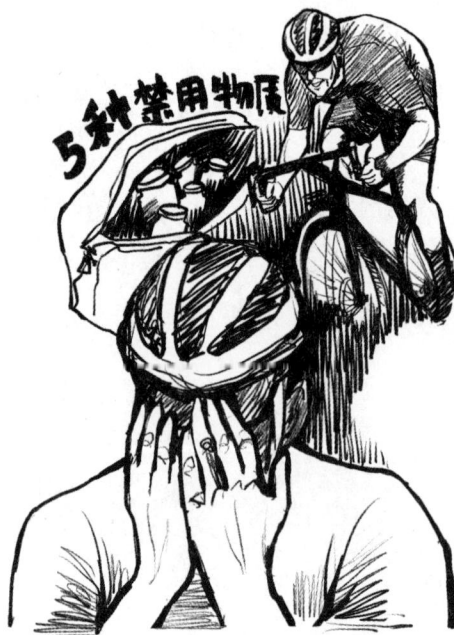

52岁的瓦赫·阿瓦赞（Vahe Aivazian）是一名来自美国加利福尼亚州的业余山地自行车手，擅长俯冲。近年来，USADA在接到来自其他车手的举报信息后，对阿瓦赞展开了调查并发现他曾购买5种不同的禁用物质。随后，USADA又收到了一些材料，通过对材料进行复核和进一步的调查，发现阿瓦赞持有并且使用或企图使用另外的5种禁用物质。这10种禁用物质中，睾酮、诺龙、DEHA属于《禁用清单》中的S1

蛋白同化制剂，生长激素、伊莫瑞林、GHRP-6、CJC-1295、IGF-1、hCG 属于 S2 肽类激素、生长因子、相关物质和模拟物，阿那罗唑属于 S4 激素及代谢调节剂，这 10 种物质在赛内外均禁用。据 USADA 调查，阿瓦赞从 2010年 6 月 16 日就开始使用这些禁用物质了。

阿瓦赞因持有某种禁用物质或禁用方法，使用或企图使用某种禁用物质或禁用方法这两项违规，被 USADA 判罚禁赛 4 年。阿瓦赞的禁赛期从 2021年 4 月 7 日起，同时他在 2010 年 6 月 16 日及之后所获的成绩被取消，奖牌被没收，积分被撤销，奖金被收回。

在某自行车运动新闻网站上的一篇关于阿瓦赞兴奋剂违规的报道中提及，他在被禁赛前的最后一场比赛中，他和四位同样上了年纪的车手角逐中排名第 3[29]。显然，他持有大量违禁物质及使用或者企图使用禁用物质，并没有为他的成绩提升带来帮助，反而损毁了他的名誉和曾经获得的成绩。

无独有偶，像阿瓦赞这样因为持有某种禁用物质或禁用方法与使用或企图使用某种禁用物质或禁用方法这两项违规而被禁赛的，还有下面这位名叫蒂芙尼·帕勒（Tiffany Parlor）的美国举重运动员。2020 年，USADA 在对一家蛋白同化制剂销售电商的禁用物质运输调查中发现帕勒在 2018 年 1 月 4 日购买了含有克仑特罗的产品，并运送至自己家中，而克仑特罗属于《禁用清单》中的 S1 蛋白同化制剂，在赛内外均禁用。USADA 判罚帕勒因持有某种禁用物质或禁用方法与使用或企图使用某种禁用物质或禁用方法这两项违规禁赛 4 年。

像帕勒一样在网购违禁药品时被发现的还有美国自

行车运动员托马斯·卢顿（Thomas Luton）。2016 年，USADA 在调查一个名为"贫血患者小组"（The Anemia Patient Group）的网站时发现卢顿曾于2010-2012 年，在该非法将禁用物质销售和分发给运动员的网站上购买多种禁用物质，包括 EPO、人生长激素（hGH）和睾酮。EPO 和人生长激素在《禁用清单》中属于 S2 肽类激素、生长因子、相关物质和模拟物，睾酮则属于 S1 蛋白同化制剂，这 3 种物质在赛内外均禁用。最终，USADA 判罚卢顿因持有某种禁用物质或禁用方法与使用或企图使用某种禁用物质或禁用方法这两项违规禁赛 4 年，他的禁赛期从 2016 年 12 月 7 日起，他从 2011 年自行车赛季开始之日，即 2011 年 1 月 16 日起所获得的所有成绩被取消，奖牌被没收，积分被撤销，奖金被收回。

在我国，也曾发生过持有禁用物质或禁用方法的兴奋剂违规事件。2006 年 8 月，某市体育运动学校组织运动员在一所高校进行封闭训练备战省运会，其间该校校长邵某某为了取得好成绩，分别从一家药房和一家公司的销售员手中购买兴奋剂，并伙同其他管理人员分发给青少年运动员使用。没想到，中国奥委会反兴奋剂委员会、体育总局监察局组成的联合调查组对该校进行了突击检查，调查组当场发现邵某某等人正在组织多名运动员使用促红细胞生成素（EPO）、丙酸睾酮等违禁物质，并在邵某某的房间中查获大量兴奋剂。事后，该省体育局取消该市参加省运会田径比赛的资格，并禁赛1年；对使用兴奋剂的运动员禁赛2年，邵某某作为组织者被开除党籍、开除公职；对其他相关责任人作出党纪政纪处分。本案中，邵某某的4项兴奋剂违规分别为：持有兴奋剂、从事或企图从事兴奋剂交易、对运动员施用或企图施用兴奋剂、共谋或企图共谋兴奋剂违规。

要点解析

在上述前三个案件中，三名运动员均因持有禁用物质而被判处不同期限的禁赛和给予其他相应处罚，他们所违反的是《世界反兴奋剂条例》条款2.6"运动员或运动员辅助人员持有某种禁用物质或禁用方法"[2]。

值得注意的是，如果运动员获批使用某种禁用物质或禁用方法的TUE，又或者该运动员有其他可接受的正当理由，则该运动员可以持有该禁用物质或禁用方法。不过，并不是所有理由都能作为持有禁用物质或禁用方法的挡箭牌。

那么，什么是可接受的理由呢？比如说，运动员或队医需要使用禁用物质或禁用方法，来处理急性病和应对紧急情况；又比如说，运动员在申请和收到TUE批准决定前不久，因治疗原因而持有禁用物质或禁用方法。那么，为赠送朋友或亲属而购买或持有禁用物质是可接受的理由吗？不是的，这并不是可接受的理由，除非这位运动员或辅助人员有正当的医疗理由和医生开具的处方，比如为糖尿病患儿购买胰岛素[2]。

在这三个案件中，三名运动员都未获批TUE，也没有正当的理由，就通过各种渠道购买和持有了禁用物质。除了条款2.6，他们还都被判罚了条款2.2"运动员使用或企图使用某种禁用物质或禁用方法"违规，无论他们是否使用了禁用物质，只要是企图使用，就会被判罚这项违规。

在最后一个案件中，邵某某的行为造成了非常恶劣的影响，也带来了严重的后果。在他学校中训练的青少年运动员身心受损，职业生涯受到打击，所在市被取消田径比赛参赛资格并禁赛，而他自己和共谋者也受到了严肃的党纪政纪处分。显然，想要通过不正当的手段"抄近道"，只会深陷泥潭，不能自拔。

防控意见

运动员应当依靠科学训练、调整饮食和磨炼意志来提高竞技水平和身体素质，持有并使用禁用物质或禁用方法不仅损害身心健康、破坏公平竞赛的环境，也会给兴奋剂违规者的职业生涯带来灭顶之灾。无论是运动员还是辅助人员，都应当牢固树立"拿干净金牌"理念，严守反兴奋剂的底线，不越雷池一步。

作为专业运动员，应当与队医和所在队伍的管理人员密切沟通，确保自己服用的药品和营养品都是符合规定、不含违禁物质的，不能从非法渠道购买违禁药品。如果因治疗需求确需持有某种禁用物质或禁用方法，切记提前申请 TUE。

青少年运动员、大众运动员或是普通的体育运动爱好者，在选择药品和营养品时，要尽可能地咨询专业人士，并在正规平台购买，切勿轻信无证产品和销售渠道，要特别提防"快速瘦身""增肌""提升力量"等夺人眼球但可疑的字眼。

第七节　从事或企图从事禁用物质或禁用方法的交易

尼古拉斯·萨森特案[30]（美国）/基尔·皮尔森案[31]（美国）

案情介绍

尼古拉斯·萨森特（Nicholas Saccente）是一名来自马萨诸塞州斯普林菲尔德市的举重运动员。根据资料显示萨森特来自美国国际大学（American International University），曾经代表美国参加 2016 年世界大学生举重锦标赛，参赛级别为 +105kg 级，但是竞赛成绩平平[32]，仅位列第九。虽然如此，萨森特却屡屡被曝光与兴奋剂沾边。

萨森特在 2016 年 9 月 25 日在新奥尔良举行的 2016 年全美大学锦标赛的赛内兴奋剂检查中，多项违禁物质检测呈阳性，被处禁赛 4 年。而处于禁赛期的萨森特于 2018 年 10 月 6 日在美国举重协会（USAW）的一项赛事中违规担任教练，被追加 4 个月禁赛处罚。

2020 年 4 月 6 日，萨森特因持

有和使用／企图使用违禁物质，并未能及时上报其行踪信息再次造成兴奋剂违规被禁赛。在调查期间，USADA通过具体可信的证据证明，在2017年期间，27岁的萨森特至少在网上购买了三次含有Andarine、Ostarine（Enobosarm）和GW1516（GW501516）的产品，并且这些产品被快递到了萨森特在马萨诸塞州斯普林菲尔德市的家中。萨森特所购买的这些物质在《禁用清单》中赛内、赛外均禁用。

同时，在上述时间段内，萨森特还是USADA注册检查库的运动员，按要求，注册检查库运动员需要遵守行踪申报相关要求，以便于进行赛外检查。在12个月内，萨森特分别在2018年6月22日、2019年3月20日和2019年5月19日错过赛外检查，一年内累计达到3次《结果管理国际标准》中规定的错过检查和／或行踪信息填报失败。《世界反兴奋剂条例》规定，在12个月内累计出现3次《结果管理国际标准》中规定的错过检查和／或行踪信息填报失败将构成兴奋剂违规。数罪并罚，USADA宣布，萨森特将受到禁赛8年的处罚。此外，萨森特被取消了在2017年6月16日当日（即他收到第一份违禁物质订单的大致日期）及其后比赛的成绩，包括没收奖牌、撤销积分和收回奖金等。

基尔·皮尔森（Keir Pearson）是美国知名赛艇运动员，皮尔森于1989

年毕业于哈佛大学，曾经代表美国队参加 1991 年世界锦标赛和 1992 巴塞罗那奥运会。退役后的皮尔森还因为出色的写作才华编写了 2004 年上映的电影《卢旺达饭店》的剧本而获得奥斯卡最佳原创剧本奖提名。谁曾想，就是这样一位风光无限、才华横溢的优秀运动员却因为兴奋剂问题英名毁于一旦。

2021 年 5 月 31 日，USADA 裁定皮尔森由于违反了反兴奋剂规则而受到了终身禁赛的处罚，其中包括使用违禁物质，以及在另一名运动员（未提及姓名，或为未成年人）不知情的情况下向其施用违禁物质。在另一名运动员参加美国游泳公开赛的尿检中 LGD-4033（Ligandrol）检测结果呈阳性后，54 岁的皮尔森承认购买、使用和施用含有 LGD-4033 的产品。

要点解析

萨森特的职业生涯可谓是劣迹斑斑，在有前科的情况下依然不思悔改，"知法犯法"，最终受到 8 年禁赛的重罚。本案中涉及的违规行为有：①运动员使用或企图使用某种禁用物质

或禁用方法；② 运动员违反行踪信息管理规定；③ 运动员持有某种禁用物质；④ 运动员或其他当事人从事或企图从事任何禁用物质或禁用方法交易。需要指出的是本案中萨森特网购违禁物质的主观动机是非常明确的，就是意图涉险使用禁用物质来提高运动表现。

第二个案件中皮尔森在明知 LGD-4033 是违禁物质的情况下购买、使用和施用含有 LGD-4033 的产品。皮尔森的主观动机非常明确，就是期望通过使用兴奋剂提高运动员竞技成绩。最终 USADA 也对皮尔森处以终身禁赛的重罚。本案中涉及的违规行为有：① 运动员或运动员辅助人员持有某种禁用物质或禁用方法；② 运动员或其他当事人赛内对运动员施用或企图施用任何禁用物质或禁用方法，或赛外对运动员施用或企图施用任何赛外禁用的禁用物质或禁用方法；③ 运动员或其他当事人从事或企图从事任何禁用物质或禁用方法交易。

这两个案件中所涉及的几种禁用物质分别是 Andarine、Ostarine（Enobosarm）、GW1516 和 LGD-4033。其中 Andarine[33]、Ostarine[34-35]、LGD-4033[36] 三种物质均属于选择性雄激素受体调节剂（SARM）。SARM 属于 WADA《禁用清单》S1.2 "其他蛋白同化剂"，运动员赛内、赛外均禁止使用。

GW1516[37] 经常被宣传为一种 SARM，实际上是一种过氧化物酶体增殖物激活受体 δ（PPARδ）激动剂，这类物质改变了人体代谢脂肪的方式。GW1516 最初是人工合成的，用于治疗肥胖、糖尿病和其他由代谢问题引起的疾病，在 WADA《禁用清单》中属于 S4 代谢调节剂，赛内和赛外都禁止使用。

防控意见

禁用物质或禁用方法的交易是兴奋剂违规行为。需要明确的是禁用物质或禁用方法的交易环节中买卖双方都是存在过错的。对于卖方而言，即使本人没有使用，但向他人提供，这种行为就涉嫌了兴奋剂交易，也同样会受到相应的处罚。另外，上述案件中所提及的 Andarine、Ostarine、GW1516 和

LGD-4033等物质，都是近年来出现的新型兴奋剂且都未获得正式药用许可，这些物质的潜在风险和副作用尚未完全明确，贸然使用这类物质可能会带来巨大的健康风险。有些不法商家会将非法添加这类物质的食品、药品、营养品改头换面非法牟利，广大运动员往往会被不法商家的不实宣传所蒙蔽，在不明就里的情况下私自购买导致误服误用事件。很多人过度迷信营养品，往往通过"代购""海淘""网购"等途径购买营养产品。殊不知，营养品存在大量安全问题，尤其是一些宣称增肌或减肥有奇效的营养品，更是值得怀疑。所以我们一贯坚持抵制一切网购、自购营养品，若必须使用营养品，需要训练单位集中采购中国反兴奋剂中心审核的营养品目录清单中的营养品，需要注意的是即使这样也不能保证一定安全。

扩展阅读

维护体育安全和公平的 Viribus 行动[38-39]

该行动由欧洲刑警组织通过知识产权犯罪协调联盟（ICP3）牵头，由33个国家和国际刑警组织、联合研究中心（JRC）、欧洲反欺诈办公室（OLAF）、WADA共同参与。此次行动由意大利国家警察总队和希腊警方金融部门共同领导，旨在大规模打击兴奋剂材料和假药的流通和交易，是有史以来规模最大的此类行动。

Viribus行动取得丰硕成果，沉重打击了制售兴奋剂犯罪分子的嚣张气焰。行动中缉获价值380万欧元的非法兴奋剂物质和假药（包括兴奋剂、膳食补充剂、药物以及运动和食品补充剂）；捣毁了17个参与贩卖假药和兴奋剂的有组织犯罪集团；关闭了9个地下实验室，查获了近24吨类固醇原料粉末；共有234名嫌疑人被捕；开庭审理839起司法案件。Viribus行动还侧重于体育赛事期间的兴奋剂检查，共计进行了1357次检查。

兴奋剂入刑后我国刑事制裁兴奋剂第一案[40]

2021 年 3 月 29 日，上海市第三中级人民法院公开审理了秦某某、赵某非法经营兴奋剂案件。经法院审理，被告人河南郑州菲尔特生物科技有限公司法人秦某某犯非法经营兴奋剂罪，判处有期徒刑 4 年，并处罚金人民币 30 万元；被告人河南郑州菲尔特生物科技有限公司股东赵某犯非法经营罪，判处有期徒刑 5 年，并处罚金人民币 20 万元。被告人均未提出上诉，判决已经生效。

《关于审理走私、非法经营、非法使用兴奋剂刑事案件适用法律若干问题的解释》（以下称《司法解释》）自 2020 年 1 月 1 日实施以来，以该《司法解释》为依据实施刑事制裁第一案已经产生，中国反兴奋剂法治化又迈出意义深远的一步。

第八节　施用或企图施用兴奋剂

德斯蒙德·杰克逊及贾马尔·丹尼尔斯案[41-42]（美国）

案情介绍

德斯蒙德·杰克逊（Desmond Jackson）是一名出生在北卡罗来纳州达勒姆的残疾人田径（短跑、跳远）运动员。杰克逊因出生时先天性的肢体差异，导致他在 9 个月大时左腿截肢。先天的肢体残疾并没有击垮杰克逊，他从小热爱运动，曾参加过篮球、足球、棒球、骑马等运动，最终选择了田径项目。他在10 岁时参加了第一次田径比赛，展现出了极高的运动天赋。同年，杰克逊被介绍给残障运动员基金会（CAF），在 CAF的支持下杰克逊获得了专业教练及资金支持，这使他快速成长为一名专业运动员，并成为北卡罗来纳州排名第一的残疾人运

动员（T42级）[43]。2016年，年仅16岁的杰克逊作为美国残奥会代表团中最年轻的田径运动员参加了里约残奥会的跳远比赛；在2017年世界锦标赛100米项目中位列第五。谁曾想，就在这一颗冉冉升起的残奥新星积极备战东京残奥会时却意外收到了USADA的一纸处罚，被禁赛14个月，因此无缘东京残奥会，令人唏嘘不已。

事情是这样的，21岁的杰克逊于2021年6月18日在美国残奥会田径选拔赛中采集的尿液样本中脱氢表雄酮（DHEA）呈阳性。DHEA是合成代谢剂类别中的一种非特定物质，运动员赛内外均禁用。在对案件情况的调查中，USADA认定杰克逊的教练贾马尔·丹尼尔斯（Jamaal Daniels）在比赛前向杰克逊提供了DHEA。杰克逊并不知道丹尼尔斯提供给他的是违禁物质。在听证会上，杰克逊和USADA双方对杰克逊是否在不知情的情况下接受丹尼尔斯提供的药物的过错程度存在较大分歧。最终仲裁员认为杰克逊在运动员生涯中接受过多次反兴奋剂教育，以及他在服用丹尼尔斯的药丸之前并未能主动确定自己服用了什么，存在较大过错，因此裁决其禁赛14个月。

杰克逊的教练丹尼尔斯在美国残奥会田径选拔赛之前给杰克逊服用了 DHEA，USADA 认定丹尼尔斯在东窗事发后不但没有积极配合调查，反而向 USADA 提供虚假信息，并怂恿杰克逊拒绝配合调查。最终 USADA 裁决其禁赛 4 年。

要点解析

本案中丹尼尔斯作为教练员不仅没有尽到保护运动员的义务，反而在运动员不知情的情况下对其施用兴奋剂，在调查过程中撒谎，并怂恿运动员一同作假，应该"罪加一等"，最终难逃重罚。杰克逊作为优秀运动员，先后接受过多次反兴奋剂教育，而在教练员面前却放松了警惕，最终服用了含有违禁物质的药品，导致检测结果呈阳性，杰克逊本人存在明显过错。我们强调运动员要对进入自己体内的一切物质和使用的方法负责，在任何人任何物质面前都要时刻紧绷安全弦，提高防范意识。这两起关联案件中，杰克逊的兴奋剂检测结果呈阳性，涉及违规行为：在运动员的样本中发现禁用物质或其代谢物或标记物。教练员丹尼尔斯对运动员施用兴奋剂，并在调查环节中提供虚假证词，怂恿运动员不配合调查。涉及违规行为：① 运动员或其他当事人篡改或企图篡改兴奋剂管制过程中的任何环节；② 运动员或其他当事人赛内对运动员施用或企图施用任何禁用物质或禁用方法，或赛外对运动员施用或企图施用任何赛外禁用的禁用物质或禁用方法。

本案中的 DHEA 在《禁用清单》中属于 S1 蛋白同化制剂，赛内外均禁用。除极个别情况（需要使用普拉酮栓剂的绝经后女性和原发性肾上腺功能不全的女性）外，DHEA 几乎不会获得 TUE。作为可以上市销售的膳食添加剂、一些营养品、功能食品中可能会有 DHEA 成分，这大大增加了运动员误服误用的风险，运动员还是要提高防范意识，不得自购营养品，规范使用目录内营养品。

体校教练孙某某案[44]（中国）

案情介绍

2017 年 5 月，中国反兴奋剂中心对某体校教练员孙某某及其所带运动员展开突击检查和调查，现场查获了孙某某给运动员注射促红细胞生成素（EPO）的针剂，其所带的 10 名运动员的样本兴奋剂检测均呈 EPO 阳性。这些运动员都是准备参加高校高水平运动员招生考试的高中生，大多数是未成年人，孙某某为了牟取经济利益，欺骗、蒙蔽并对他们施用兴奋剂。最终，中国反兴奋剂中心判罚孙某某终身禁赛，负担 800 例兴奋剂检测费用（80 万元）；10 名涉案运动员均被禁赛 2 年。

要点解析

本案性质极其恶劣，情节极其严重，社会影响极坏。孙某某为了一己私利使用蒙蔽手段对未成年运动员施用兴奋剂，给他们的身心造成了极大的危害。孙某某涉及多项违规，主要违规行为有：① 运动员或其他当事人赛内对运动员施用或企图施用任何禁用物质或禁用方法，或赛外对运动员施用或企图施用任何赛外禁用的禁用物质或禁用方法；② 运动员或运动员辅助人员持有某种禁用物质或禁用方法。

本案中涉及的违禁物质是 EPO，在《禁用清单》中属于 S2 肽类激素、生长因子、相关物质和模拟物，赛内外均禁用。EPO 在耐力项目中滥用由来已久，这种兴奋剂主要依靠提高人体红细胞数量来达到提高细胞携氧能力从而提高运动表现的目的。EPO虽然是临床用药，但是滥用EPO会带来巨大的健康风险，EPO会使血液变稠，显著增加心脏病、中风、肺栓塞等致命疾病的风险，长期使用还会显著增加自身免疫性疾病风险。EPO的兴奋剂检测技术是在2000悉尼奥运会上首次使用的。

防控意见

确保没有禁用物质进入自己体内，是每个运动员的个人责任。运动员要对进入他们身体内的任何禁用物质或其代谢物或标记物负责。因此，运动员要加强自我防范意识，日常训练中如果有教练、辅助人员、队友向你推荐某些药品、营养品、功能食品，在成分和功能不明的情况下一定不能贸然使用，可以通过拍照、微信、电话等形式咨询队医或专业人士获得肯定答复后方可使用。

所谓施用多指在运动员不知情的情况下使用兴奋剂。而本条违规行为的受害对象多数为辨别能力薄弱，接受反兴奋剂教育不足的青少年运动员。

近年来一些兴奋剂黑手伸向了高校高水平运动员招生考试考场，而考生反兴奋剂知识匮乏是普遍现象，并且一些考生为了快速提高竞技成绩而抱有侥幸心理，也促使像孙某某这样在利益的驱使下铤而走险的教练的出现。这些因素都增加了青少年反兴奋剂工作的严峻性、紧迫性和复杂性。中国反兴奋剂中心近年来一方面不断加大在青少年人群中的宣教力度，让广大青少年以及他们的家长了解兴奋剂对身心健康的严重危害，提高他们自觉抵制兴奋剂的意识和能力；另一方面，逐步加大在青少年比赛以及在各级升学考试中的兴奋剂检查力度，对阳性案例从严查处。广大青少年及其家长切不可抱有侥幸心理，片面地认为"只要能上大学，用用兴奋剂没什么大不了，只要不一直用下去"。青少年正处于生长发育的高峰期，兴奋剂对人体的危害性在很多方面是长远的不可逆的。另外，在各类考试中使用兴奋剂还会误导青少年的价值观，使其正在形成的价值观游离于正确的价值观之外。广大青少年人群应倡导良好的体育精神和道德风尚，维护公平公正的竞赛环境，自觉抵制诱惑，守护"纯洁体育"。各级各类相关部门要内外齐发力，共同努力斩断伸向校园的兴奋剂黑手。

第九节 共谋或企图共谋兴奋剂违规

斯科特·格拉斯哥案[45] （美国）

案情介绍

斯科特·格拉斯哥（Scott Glasgow）是一名杨百翰大学（Brigham Young University）数学系的教授，并在其专业领域颇有建树。格拉斯哥的另外一个身份是前奥运会举重选手，举重教练员。格拉斯哥鼓励家人从事体育锻炼，他发现女儿米歇尔·格拉斯哥（Michelle Glasgow）非常具有举重运动天赋，于是从米歇尔8岁开始对她进行举重训练。2005年4月，14岁的米歇尔开始参加比赛，她与男子运动员同场竞技，获得犹他州冠军，并打破了8项州纪录，而后又赢得了美国举重全国学龄冠军[46-47]。

数学博士，大学教授，奥运选手，父亲，任谁也无法将格拉斯哥与兴奋剂联想到一起。可就在2019年12月20日USADA宣布，55岁的举重教练格

拉斯哥因协助和共谋兴奋剂行为而受到为期4年的禁赛处罚。本案中，USADA获得了具体而可信的证据，包括对众多个人的采访和文件，这些文件都揭示了格拉斯哥在2017年违反了《世界反兴奋剂条例》的相关规定。格拉斯哥作为辅助人员，他鼓励运动员使用的违禁物质包括氧雄龙（Oxandrolone）。氧雄龙属于《禁用清单》中S1蛋白同化制剂，在赛内外均禁用。

要点解析

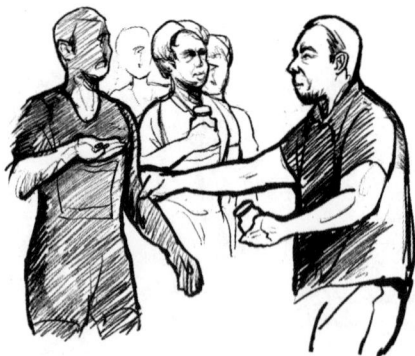

本案中格拉斯哥存在协助和鼓励运动员使用违禁物质的违规行为，USADA认定其构成了《世界反兴奋剂条例》第2.9条运动员或其他当事人共谋或企图共谋的违规，禁赛4年。格拉斯哥没有从保护运动员的健康和安全的角度出发，他鼓励多名运动员使用违禁药物，他的行为危害了运动员的健康和安全，破坏了体育的纯洁，他也因此受到了相应的处罚。

卢卡斯·彭切尔案 [48-52]（巴西）

案情介绍

2020 年 3 月 23 日，USADA 宣布，巴西贝洛奥里桑特的卢卡斯·彭切尔（Lucas Penchel）医生因违反终极格斗冠军赛（UFC）反兴奋剂政策被判罚 2 年禁赛。原因是他分别在 2017 年 6 月 2 日和 11 月 3 日，与 UFC 中量级竞争者巴西拳手保罗·科斯塔（Paulo Costa）和他的哥哥卡洛斯·科斯塔（Carlos Costa）共谋，在没有获得 TUE 的情况下帮助他们使用了超过《禁用清单》规定的静脉注射剂量。

2018 年 10 月，网上出现了一段保罗·科斯塔进行静脉注射的视频。USADA 经过调查后认定，2017 年 6 月 2 日，保罗·科斯塔在巴西里约热内卢 UFC212 比赛称重后，在没有 TUE 的情况下，每 12 小时接受了超过 100 毫升的静脉注射，超过了《禁用清单》规定的静脉注剂量；2017 年 11 月 3 日，其在纽约市参加比赛时又发生了同样的事情。这两次输液都是在他的哥哥卡洛斯·科斯塔帮助下进行的。

事后保罗・科斯塔和哥哥积极配合调查，他告诉 USADA，他进行静脉输液的目的是帮助他在 UFC212 和 UFC217 比赛之前从减重的影响中恢复过来，而不是为了掩盖违禁物质的使用。USADA 也证实了确实是彭切尔医生向他"推荐并开具了"违禁静脉注射，才使得他的记录中出现了兴奋剂违规。USADA 首席执行官特拉维斯・T. 泰加特（Travis T. Tygart）在一份声明中表示："彭切尔医生是开具违禁输液处方的人，像所有运动员辅助人员一样，彭切尔医生被委托帮助运动员做出安全和知情的决定，但他违反了反兴奋剂规则，也违反了他以最佳方式保护运动员健康和安全的誓言。"最终彭切尔医生受到了 2 年禁赛的处罚，从 2020 年 3 月 17 日开始。

要点解析

静脉输液或静脉注射被列入 WADA 的《禁用清单》，属于禁用方法，所有场合都禁用。2017 年版《禁用清单》中对输液有明确的规定，明确禁止每 6 小时静脉输液和 / 或静脉注射超过 50 mL，但在住院治疗、手术治疗或临床诊断检查过程中正当的使用除外。此后，WADA 对输液规定又进行了调整，2022 年版《禁用清单》中规定每 12 小时内静脉输液和 / 或静脉注射量不得超过 100 mL，但在住院治疗、手术治疗或临床诊断检查过程中正当的使用除外。

在除了医院治疗、手术治疗或临床检查过程中的正常使用外，任何其他情况下接受超过限额的静脉输液和 / 或静脉注射都需要申请治疗用药豁免，未经 TUE 批准，任何时候都禁止为运动员提供超过《禁用清单》规定的静脉注射剂量，包括膳食补充剂和维生素等。

本案中彭切尔身为专业的医生，未能很好地执行《禁用清单》中关于输液的有关规定，作为辅助人员，在住院治疗、手术治疗或临床诊断检查之外的情形下，建议并给运动员违规开具了超过规定剂量的静脉注射，未能从保护运动员安全的角度做出正确的决定，违背了保护运动员健康和安全的誓言，存在共谋兴奋剂违规的行为。

安德烈·瓦雷耶维奇·埃尔曼科案[53]（俄罗斯）

案情介绍

2017 年 11 月 2 日，一批由 RUSADA 授权的 DCO 前往俄罗斯索契的一项田径赛事开展赛内兴奋剂检查。尤利娅·维克托娃·玛鲁埃娃（Yulia Viktorovna Malueva）参加了该项赛事，而她的教练安德烈·瓦雷耶维奇·埃尔曼科（Andrei Valerievich Eremenko）也前往了比赛现场。

在 11 月 2 日当天上午 10：30 左右，玛鲁埃娃结束比赛后一位 DCO 通知她接受兴奋剂检查并一直待在她身边尝试收样，但直到晚间 19：15 仍未成功，最终 DCO 接到上级指示结束检查任务。在此期间，玛鲁埃娃曾要求离开检查站，前往宾馆用餐，DCO一直陪同。回到检查站后，运动员表示身体不适，但并未要求就医，直到下午15：30，她表示自己可以留样了，但却连瓶带样全部掉进了厕所里，她表示是因为自己头晕导致，并要求医疗救助。玛鲁埃娃联系了教练埃尔曼科，尽管当时在比赛场馆附近已

经停靠了一辆救护车，但埃尔曼科仍然叫了另一辆救护车并来到了检查站，

医生赶到后对玛鲁埃娃进行了检查，认为没有需要送医的指征，但运动员还是前往了医院，埃尔曼科也一同前往。到达医院后，DCO一直陪同玛鲁埃娃并询问她是否能够接受兴奋剂检查，她回复自己还无法留样。在接受医生的医学检查后，玛鲁埃娃住院接受治疗。最终，陪同的DCO接到指示，终止了检查任务并完成了相应的报告。

RUSADA认为玛鲁埃娃没有合理的不接受兴奋剂检查的理由，因此她受到"逃避、拒绝或未完成样本采集"的兴奋剂违规指控，同时，他们也怀疑埃尔曼科对她的逃避兴奋剂检查的行为有所指导。此外，RUSADA声明埃尔曼科曾向本次兴奋剂检查中的一位DCO提供钱款，以破坏兴奋剂管制环节。因此，埃尔曼科被RUSADA指控"篡改或企图篡改兴奋剂管制过程中的任何环节"，以及"共谋或企图共谋"兴奋剂违规。然而，俄罗斯反兴奋剂纪律委员会在审理此案时认为，玛鲁埃娃存在兴奋剂违规行为，但埃尔曼科并没有兴奋剂违规行为，因为没有足够证据证明埃尔曼科贿赂DCO。RUSADA将本案上诉至CAS，独任仲裁员在研判双方的证据和证词后，认定埃尔曼科在2017年11月2日当天曾企图贿赂其中一名DCO，希望以此避免DCO从运动员处获得真实的样本为事实，最终判定埃尔曼科违反《世界反兴奋剂条例》第2.5条"运动员或其他当事人篡改或企图篡改兴奋剂管制过程中的任何环节"及第2.9条"运动员或其他当事人共谋或者企图共谋"，禁赛4年。

要点解析

根据本案的判罚文件，独任仲裁员认为，本案中教练的"企图篡改行为"与"共谋行为"是紧密联系的：首先，在样本采集过程中企图贿赂一位 DCO 的行为是共谋行为；其次，该教练的部分行为，如他在场馆附近有救护车的情况下仍叫来另一辆救护车并陪同运动员前往医院，以及他全程都没有试图劝说运动员接受兴奋剂检查，并且他还试图贿赂一位 DCO 等行为都证明了他在本案中的企图篡改和共谋行为。根据《世界反兴奋剂条例》条款 2.9 及其释义，共谋或企图共谋兴奋剂违规，包括协助、怂恿、资助、教唆、策划、包庇他人的兴奋剂违规、企图违规或违反条款 10.14.1 的行为（即协助处在禁赛期的人员参加比赛或活动的行为）、或者实施任何其他类型的故意共谋或企图共谋（可包括物质和精神援助）。在本案中，该教练正是协助、策划和包庇了该运动员的兴奋剂违规，构成了共谋兴奋剂违规的行为[2]。

防控意见

该如何去预防此项违规的发生呢？首先，对《世界反兴奋剂条例》及其配套的国际标准要有清醒的认识，做到学习规则，掌握规则，遵守规则。卢卡斯·彭切尔案就是一例典型的因不熟悉《禁用清单》相关规定而引发的违规。其次，要研究及揣摩"共谋"和"企图共谋"的内涵与外延，不仅要做到准确把握此项违规的具体行为，还要坚决与违背体育精神和体育道德的行为作斗争。最后，要携手净化体育从业环境，所有运动员及其他当事人既要管好自身，还要帮助他人，大家共同营造良性的反兴奋剂生态。

第十节　禁止合作

鲁道夫·沃尔科夫维奇案^[54]（俄罗斯）

案情介绍

　　21 岁的鲁道夫·沃尔科夫维奇（Rudolf Verkovykh）是一名俄罗斯短跑运动员，在 2015-2016 赛季的俄罗斯国内比赛中取得了不错的成绩。2016 年 8 月，沃尔科夫维奇受邀加入由弗拉基米尔·谢苗诺维奇·卡扎宁（Vladimir Semenovich Kazaring）和娜塔莉·克鲁舍勒娃（Natalie Khrusheleva）执教的训练小组，于当年 11 月开始训练。

　　2017 年 4 月 7 日，CAS 作出一项裁决，教练卡扎宁因多项兴奋剂违规被判罚终身禁赛。2017 年春，教练卡扎宁告诉包括沃尔科夫维奇在内的运动员们自己不能再"正式地"指导他们，自己不能再成为他们比赛协议、申请和其他文件上的正式教练。而同时，卡扎宁多次告诉沃尔科夫维奇自己仍可以以非正式的身份指导他。

2018 年 5 月，沃尔科夫维奇参加了当地的一个训练营，卡扎宁也作为教练参与其中。同年 10-11 月，沃尔科夫维奇又在同一个地方参加集训并跟随卡扎宁训练。其间，RUSADA 的工作人员开展了一项调查，他们发现卡扎宁在这个训练营中指导运动员训练，不过当时 RUSADA 并未记录下这一活动。2018 年 10 月 30 日，RUSADA 的一位官员与沃尔科夫维奇进行了一次私下的谈话，这位官员询问沃尔科夫维奇是否留意到卡扎宁的行踪以及他在这里指导运动员训练。由于卡扎宁的叮嘱，沃尔科夫维奇回答他并不知情，在之后的对话中也始终否认他与卡扎宁的联系，并完成了一份由官员口述自己落笔书写的声明，其中包含了声称"我已被告知请卡扎宁做教练会被视为违反禁止合作规定且取消参赛资格，因为这是兴奋剂违规行为"的内容。

2018 年 11 月 27 日，沃尔科夫维奇收到了 RUSADA 关于询问他和卡扎宁关系的问卷，随后，沃尔科夫维奇在卡扎宁的指导下完成了问卷。2019 年 1 月，沃尔科夫维奇连同其他运动员与卡扎宁讨论了其指导运动员的资格，卡扎宁粗鲁地表示："你们可以选择其他教练，但这可能会导致经济和其他方面的后果。"

2019 年 6 月 14 日，沃尔科夫维奇收到 RUSADA 指控他违反禁止合作规定的通知，同时他也被临时停赛，沃尔科夫维奇声称这是他第一次收到来自 RUSADA 的关于违反禁止合作规定的定义和处罚的官方信息。2019 年 12 月 17 日，RUSADA 对于沃尔科夫维奇与处于禁赛期内的卡扎宁合作，给予其禁赛 1 年的处罚。随后，沃尔科夫维奇将 RUSADA 的处罚决定上诉至 CAS，双方各执一词。

沃尔科夫维奇声称自己虽然知晓卡扎宁被禁赛，但在他看来他没有收到来自 RUSADA 或 WADA 的正式的关于卡扎宁的禁赛状态以及与他合作的后果的书面通知，并且自己在 2018 年 10 月 30 日手写完成的声明，只是在 RUSADA 官员口述下自己落笔完成的，此份声明并不能代表 RUSADA 的官方通知。他还声称自己并不知道卡扎宁被禁赛的准确消息，并且在之前很长的一段时间中，他确实只认为卡扎宁的禁赛状态意味着运动员不能在比赛协议中指定他为教练。

RUSADA 主张，沃尔科夫维奇在 2018 年 10 月 30 日与 RUSADA 官员的会面中完成的手写声明等同于他已收到关于违反禁止合作规定的书面说明，这意味着在当时沃尔科夫维奇已经了解自己与卡扎宁合作的后果。判定违反禁止合作规定的关键点在于：一是运动员是否知晓他的合作对象正在禁赛期内；二是尽管如此运动员仍与其合作。

CAS 独任仲裁员对双方的证词、证据、观点和适用法律法规进行了分析，认为沃尔科夫维奇的情况符合所有违反禁止合作规定的先决条件，他在 2018 年 10 月 30 日收到来自 RUSADA 的书面通知，并且毫无争议地依然与卡扎宁保持合作，因此沃尔科夫维奇违反了禁止合作规定。CAS 驳回了沃尔科夫维奇的上诉，支持 RUSADA 对于沃尔科夫维奇因违反禁止合作规定禁赛 1 年的处罚。

要点解析

本案中的运动员明知自己的教练因兴奋剂违规而正处于禁赛期，却依然保持与他的合作，违反了《世界反兴奋剂条例》条款 2.10：运动员或其他当事人禁止合作。条款 2.10 的释义中指出，运动员和其他当事人不得与因兴奋剂违规而被禁赛或因兴奋剂问题已被刑事定罪或受到职业纪律处分的教练员、体能教练、医生或其他运动员辅助人员合作。这项规定还禁止与在禁赛期间担任教练员或运动员辅助人员的任何其他运动员合作。此外，条款 10.14.1 的附录中指出，禁赛期间的运动员或其他当事人不得在禁赛期间以任何身份担任教练员或运动员辅助人员，否则也可能导致另一名运动员构成条款 2.10 的违规。

值得一提的是，本案中的运动员也是历史上第一位因违反禁止合作规定被判罚禁赛，在上诉至 CAS 后未果维持原判的运动员。

防控意见

运动员应当提高思想认识，自觉抵制兴奋剂，了解并承担反兴奋剂责任与义务，牢固树立"拿干净金牌"理念。特别要注意到，与处在禁赛期内的人员合作，也会给自己带来兴奋剂违规的风险和隐患，一旦发现自己的合作对象已被禁赛，要立刻停止与其合作。

运动员与训练单位在任用相关人员时，应当充分做好背景调查，谨防任用处于禁赛期的人员。国家体育总局反兴奋剂中心官方网站定期更新处在禁赛期人员的信息，在聘用有关人员前做好背景审查，既是对反兴奋剂工作的支持，也是对自己和队伍的保护，预防潜在的兴奋剂违规行为。此外，已经因兴奋剂违规被判罚禁赛的运动员或辅助人员，应当正视自己犯下的错误，深刻反省、谨防再犯，第一时间了解禁赛期内的规定并严格遵守，以免进一步加重后果，害人害己。

扩展阅读

厄内斯特·普林佩案[55-56]（美国）

案情介绍

2018 年 12 月，28 岁的美国举重运动员厄内斯特·普林佩（Ernest Prempeh）在美国公开赛的赛内检查中，被查出多种蛋白同化制剂阳性，而这几种物质在赛内外都是禁用的，因此，他被禁赛 4 年。

2021 年 7 月，距离普林佩的禁赛期结束还有 1 年多时，他被目睹在 2021 年美国全国举重锦标赛上担任一名运动员的教练，为其提供辅助工作。此外，在本案调查期间，USADA 认定，举重教练巴纳博·查维兹（Bernabe Chavez）协助和教唆了普林佩的违规行为，将自己的教练证借给了他，普林佩得以利用这张证件进入赛事的不对外开放的热身区域。此外，查维兹在 USADA 的调查期间提供了伪证。

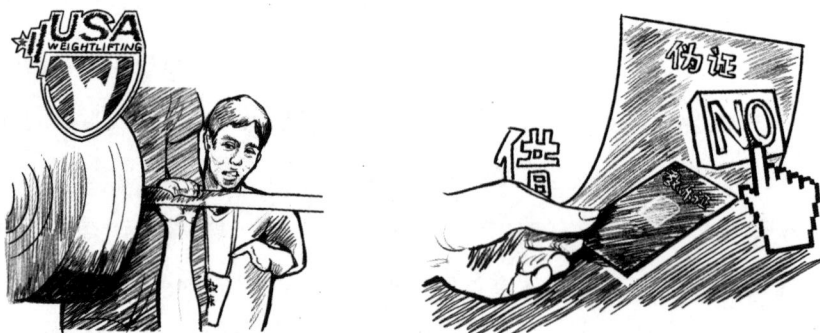

普林佩在禁赛期内违规从事教练和辅助工作，为此，USADA 将普林佩的禁赛期增至 8 年，在原有的基础上增加了 4 年。由于普林佩选择了退役，他的禁赛期在他退役期间将停止计算，一旦他复出，将连续地接受这两个禁赛期。

而查维兹由于协助在禁赛期内的普林佩违规从事教练工作，还在接受调查时提供伪证，因此被判罚禁赛 4 年。

要点解析

本案例中的普林佩并不是第一次兴奋剂违规，在他因兴奋剂检测结果呈阳性并被禁赛后，根据《世界反兴奋剂条例》条款 10.14.1，作为处于禁赛期的人员，不得以任何身份参加由任何签约方、签约方成员组织，或签约方成员组织的俱乐部或其他成员组织授权或组织的比赛或活动（经授权的反兴奋剂教育或矫正项目除外），也不得参加由任何职业联盟或任何国际或国家级赛事组织授权或组织的比赛，或由政府部门资助的任何高水平或国家级体育活动。然而，他却以教练的身份出现在美国全国举重锦标赛上，违反了他在禁赛期内禁止参加比赛或活动的规定，进而造成了他的禁赛期被延长的后果。

另一位当事人查维兹，则因为帮助普林佩违反条款 10.14.1，被判罚违反《条例》条款 2.9 "运动员或其他当事人共谋或企图共谋"。此外，他还在接受调查时提供伪证，违反了《条例》条款 2.5 "运动员或其他当事人篡改或企图篡改兴奋剂管制过程中的任何环节"。

尼古拉斯·萨森特案[57-58]（美国）

案情介绍

2016 年 9 月，在美国全国大学锦标赛上，举重运动员尼古拉斯·萨森特（Nicholas Saccente）在赛内兴奋剂检查中被查出睾酮及其代谢物与勃地酮及其代谢物阳性，这两种物质属于《禁用清单》中 S1 蛋白同化制剂，在赛内外均禁用，他因此被 USADA 判罚禁赛 4 年，并取消其阳性样本采集之日后所获得的所有奖项，撤销积分与收回奖金。

然而，在 2018 年 10 月 6 日，他的禁赛期刚刚过去一半时，他被发现在一个美国举重协会（USAW）授权的活动中担任该协会成员的教练。在USADA 进行调查时，萨森特声称自己误解了规定，以为在禁赛期内只有作为运动员参赛是被禁止的，想要以此降低自己过错的程度，但这个理由并不能使他免于禁赛期延长的处罚，因为规定明确指出，禁赛期内以任何身份参与比赛都是被禁止的，包括以教练的身份。对此，USADA 将萨森特的禁赛期增至 52 个月，在原有 4 年禁赛期的基础上增加 4 个月。

要点解析

本案中的运动员因兴奋剂检测结果呈阳性而被禁赛，从他的言行中可以看出，他对于反兴奋剂工作有关规定不甚了解，哪怕是在被禁赛后，也对于自己在禁赛期内的身份以及责任义务有所误解，这导致了他的第二次违规。他所违反的正是《世界反兴奋剂条例》条款 10.14.1，在禁赛期内以教练身份参加了比赛，这导致了他的禁赛期被延长。

防控意见

无论是作为运动员和训练单位，还是被任用的教练等辅助人员，都应当明确自身的反兴奋剂责任与义务，将兴奋剂违规的可能性降到最低，提升反兴奋剂意识与能力，保护自己，保护队伍。兴奋剂违规远远不止使用兴奋剂和检测结果呈阳性等为人熟知的类型，大家切不可掉以轻心，尤其要避免与处在禁赛期的人员合作，导致违反禁止合作规定。

第十一节　阻止或报复向当局举报的行为

杰克逊·"亨特利"·纳什案^[59-60]（美国）

案情介绍

　　2021 年 12 月，USADA 收到关于一位美国自行车运动员杰克逊·"亨特利"·纳什（Jackson "Huntley" Nash）的举报信息，通过调查发现纳什曾有下列兴奋剂违规行为：① 使用或企图使用多种禁用物质，包括睾酮、克仑特罗、氧雄龙和阿那罗唑，前三种属于《禁用清单》中的 S1 蛋白同化制剂，第四种属于 S4 激素及代谢调节剂，这四种物质在赛内外均禁用；② 持有上述禁用物质；③ 通过干预 USADA 的调查来篡改或企图篡改兴奋剂管制环节；④ 将禁用物质克仑特罗和氧雄龙交易或企图交易给其他运动员；⑤将禁用物质人生长激素（hGh）、克仑特罗和氧雄龙施用或企图施用于其他运动员；⑥ 教唆其他运动员使用禁用物质来共谋或企图共谋兴奋剂违规；⑦ 报复他人举报其兴奋剂违规。

　　这里主要讲述一下他报复举报的违规行为。纳什与新西兰全国自行车冠军奥利维亚·雷伊（Olivia Ray）为情侣关系，但他们的相处并不愉快，纳什经常虐待雷伊，另一位车手玛德琳·皮尔斯（Madeline Pearce）是雷伊的密友，曾试图帮助雷伊逃离她和纳什的虐待关系，而纳什否认一直虐待雷伊。但有证据表明，雷伊曾于2021年12月拨打家庭暴力求助热线，几天后，皮尔斯在拍摄了纳什与雷伊共同的卧室里存放的阿那罗唑、睾酮、克仑特罗和注射器的照片后，帮助雷伊逃离了纳什家。同时，USADA也开始开展了对纳什的兴奋剂违规调查。纳什否认曾使用阿那罗唑，不过他承认了购买行为，他还说自己"从未听说过"克仑特罗并拒绝回应家中出现的注射器。2022年1月，纳什为了报复皮尔斯披露自己家中存有禁用物质，企图以皮尔斯跟踪自己为由，向法院申请禁止皮尔斯靠近自己，而法院发现缺乏足够的证据证明皮尔斯的任何跟踪行为，拒绝其申请。

纳什因多项违规被USADA判罚终身禁赛，并取消其从被收集到持有禁用物质的证据的那天及之后所有的比赛成绩、没收奖牌、撤销积分与收回奖金。

要点解析

"运动员或其他当事人阻止或报复向当局举报的行为"是2021年版《世界反兴奋剂条例》中新增的一项兴奋剂违规，这里的举报须为善意的举报，故意虚假举报的行为不在保护范围。报复包

括诸如威胁举报人、其家人或相关人员的身心健康或经济利益的行为，不包括反兴奋剂组织善意指控举报人兴奋剂违规，就本条兴奋剂违规而言，如果举报人明知其举报内容虚假，则该举报不属于善意举报。本案中，纳什因皮尔斯指证自己兴奋剂违规而怀恨在心，捏造事实恶意报复，构成了本项违规。

我国的反兴奋剂工作六项规定中，有一条正是"相互监督主动举报"。WADA 新增的这一条兴奋剂违规，为保护和鼓励维护"纯洁体育"的善意举报行为提供了制度依据，维护了公平竞争的竞赛环境。

防控意见

公平的竞赛环境靠大家共同维护，做好反兴奋剂工作，预防、阻止和处罚兴奋剂违规行为正是对干净运动员的保护，这就需要每一位运动员的共同参与，多留意身边可能的兴奋剂违规行为和风险，及时向有关单位进行反映和举报。对于已经出现兴奋剂违规行为的运动员或其他当事人，应当悬崖勒马，正视自己的错误，认真反省，坚决避免一错再错，出现报复行为。

参考资料

［1］Athletics Integrity Unit.AIU urges vigilance amid Ujah's ban［EB/OL］.(2022-10-10)［2022-12-25］. https://www.athleticsintegrity.org/downloads/pdfs/other/Press-Release-Ujah.pdf.

［2］世界反兴奋剂机构.世界反兴奋剂条例［M/OL］.［2022-12-25］.https://www.sport.gov.cn/SSZX/n15182/c977804/part/627931.pdf.

［3］CAS. CAS 2009/A/1870　World Anti-Doping Agency (WADA) v. Jessica Hardy & United States Anti-Doping Agency (USADA)［EB/OL］.(2018-08-09)［2022-12-25］. https://www.usada.org/wp-content/uploads/hardy-cas.pdf.

［4］CAS. Arbitration CAS 2017/A/5015 International Ski Federation (FIS) v. Therese Johaug & Norwegian Olympic and Paralympic Committee and Confederation of Sports (NIF) CAS 2017/A/5110 Therese Johaug v. NIF, award of 21 August 2017［EB/OL］.(2018-02-08)［2022-12-25］. https://jurisprudence.tas-cas.org/Shared%20Documents/5015,%205110.pdf.

［5］CAS. Arbitration CAS 2016/A/4563 World Anti-Doping Agency (WADA) v. Egyptian

Anti-Doping Organisation (EGY-NADO) & Radwa Arafa Abd Elsalam, award of 16 January 2017 ［EB/OL］.(2018-02-06)［2022-12-25］. https://jurisprudence.tas-cas.org/Shared%20 Documents/4563.pdf.

［6］WADA. WADA publishes Stakeholder Notices regarding potential contamination cases related to meat and diuretics ［EB/OL］.(2021-06-01)［2022-12-25］. https://www.wada-ama. org/en/news/wada-publishes-stakeholder-notices-regarding-potential-contamination-cases-related-meat-and.

［7］IOC. IOC sanctions three athletes for failing anti-doping tests at London 2012 ［EB/ OL］.(2020-11-25)［2022-12-25］. https://olympics.com/ioc/news/ioc-sanctions-three-athletes-for-failing-anti-doping-tests-at-london-2012-1.

［8］IAAF. IAAF obtains 4-year sanction on appeal in its first Athlete Biological Passport case before CAS ［EB/OL］. (2012-12-04)［2022-12-25］. https://www.worldathletics.org/ news/iaaf-news/iaaf-obtains-4-year-sanction-on-appeal-in-its.

［9］USADA. U.S. swimming athlete Ryan Lochte accepts sanction for anti-doping rule violation ［EB/OL］. (2018-07-23)［2022-12-25］. https://www.usada.org/sanction/ryan-lochte-accepts-doping-sanction.

［10］USADA. Masters weightlifting athlete Rebekah Koehly accepts sanction for anti-doping rule violation ［EB/OL］.(2021-04-28)［2022-12-25］.https://www.usada.org/sanction/ rebekah-koehly-accepts-doping-sanction.

［11］CAS. CAS 2019/A/6597 International Association of Athletics Federations (IAAF) v. Jacob Kibet Chulyo Kendagor ［EB/OL］. (2021-02-05)［2022-12-25］. https://www. athleticsintegrity.org/downloads/pdfs/disciplinary-process/en/Kendagor-Award-final-6597.pdf.

［12］USADA. AAA arbitrator imposes four-year sanction on wheelchair tennis athlete Taylor Graham ［EB/OL］. (2022-04-27)［2022-12-25］. https://www.usada.org/sanction/ taylor-graham-receives-four-year-sanction-aaa.

［13］反兴奋剂中心发布违规信息：钱鼎彬兴奋剂违规＋逃避检查［EB/OL］.(2021-07-21)［2022-12-25］. https://www.163.com/dy/article/GFE5HBFF05508TFZ.html.

［14］CAS. Christian Coleman v. World Athletics – CAS confirms the anti-doping rule violation but reduces the period of ineligibility to 18 months［EB/OL］.(2021-04-16)［2022-12-25］. https://www.tas-cas.org/en/general-information/news-detail/article/christian-coleman-v-worldathletics-cas-confirms-the-anti-doping-rule-violation-but-reduces-the-p.html.

［15］ 美国飞人科尔曼获半年"减刑" 仍将缺席东京奥运会［EB/OL］. (2021-04-16)［2022-12-25］. https://baijiahao.baidu.com/s?id=1697207696283019807&wfr=spider&for=pc.

［16］ 美国两例兴奋剂违规！一年三次未报告行踪 博尔特接班人中招脱身［EB/OL］. (2020-05-02)［2022-12-25］. https://new.qq.com/rain/a/20200502A0HS2P00.

［17］ AIU. Decision of the Athletics Integrity Unit in the case of Mr Morris Munene Gachaga［EB/OL］. (2022-04-01)［2022-12-25］. https://www.athleticsintegrity.org/downloads/pdfs/disciplinary-process/en/DECISION-OF-THE-ATHLETICS-INTEGRITY-UNIT_GACHAGA_FINAL.pdf.

［18］ 世界反兴奋剂机构. 结果管理国际标准［M/OL］.［2022-12-25］. https://www.sport.gov.cn/fxfjzx/n5555/c23943660/part/25276124.pdf.

［19］ 世界反兴奋剂机构. 检查和调查国际标准［M/OL］.［2022-12-25］. https://www.sport.gov.cn/fxfjzx/n5555/c23943660/part/23943867.pdf.

［20］ DANIEL M R. Dope：a history of performance enhancement in sports from the nineteenth century to today［M］.Westport:Praeger Publishers,2008.

［21］ AIU.Decision of the Athletics Integrity Unit in the case of Ms Nelly Jepkosgei［EB/OL］. (2021-03-02)［2022-12-25］. https://www.athleticsintegrity.org/downloads/pdfs/disciplinary-process/en/210301-AIU-20-128_Jepkosgei_Decision_FINAL.pdf.

［22］ CAS. Arbitration CAS 2016/A/4700 World Anti-Doping Agency (WADA) v. Lyudmila Vladimirvma Fedoriva, award of 15 May 2017［EB/OL］. (2021-08-15)［2022-12-25］. https://jurisprudence.tas-cas.org/Shared%20Documents/4700.pdf.

［23］李智，王俊晖. 兴奋剂违规认定："严格责任"还是"过错责任" 以《世界反兴奋剂条例》条款 2.5 为视角［J］福州大学学报 (哲学社会科学版),2022,36(1):99-106.

［24］ CAS. CAS 013 /A/3341 World Anti-Doping Agency (WADA) v. Daniel Pineda Contreras & Chilean Olympic Committee(COC)［EB/OL］. (2017-07-11)［2022-12-25］. https://jurisprudence.tas-cas.org/Shared%20Documents/3341.pdf.

［25］ USADA. U.S. cycling athlete Vahe Aivazian accepts sanction for anti-doping rule violation［EB/OL］. (2021-04-15)［2022-12-25］. https://www.usada.org/sanction/vahe-aivazian-accepts-doping-sanction.

［26］ USADA. U.S. weightlifting athlete Tiffany Parlor receives sanction for anti-doping rule violation［EB/OL］.(2020-09-08)［2022-12-25］. https://www.usada.org/sanction/tiffany-parlor-recieves-doping-violation.

［27］USADA. U.S. cycling athlete, Luton, receives sanction for non-analytical anti-doping rule violation［EB/OL］.(2016-12-13)［2022-12-25］.https://www.usada.org/sanction/thomas-luton-receives-sanction.

［28］2022年省运会反兴奋剂教育：以案为鉴［EB/OL］.［2022-12-25］.https://cleanmedal.chinada.cn/bonus/bonus24/4/story.html.

［29］WOODSON.All doped UP：53 year old amateur caught using 10 banned drugs［EB/OL］.(2021-04-17)［2022-12-25］. https://granfondodailynews.com/2021/04/17/doped-up-amateur-caught-using-cocktail-mix-with-10-banned-drugs.

［30］USADA. Weightlifting athlete Nicholas Saccente receives sanction for second anti-doping rule violation［EB/OL］.(2020-04-16)［2022-12-25］.https://www.usada.org/sanction/nicholas-saccente-receives-second-doping-violation-sanction.

［31］USADA.U.S. rowing athlete Keir Pearson accepts lifetime ban for anti-doping rule violations［EB/OL］.(2021-05-13)［2022-12-25］.https://www.usada.org/sanction/keir-pearson-accepts-doping-sanction.

［32］Team USA. 2016 World University Weightlifting Championships - Merida, Mexico［EB/OL］.［2022-12-25］.https://www.teamusa.org/USA-Weightlifting/Events/2016/International/WorldUni/Results.

［33］USADA. Selective androgen receptor modulators (SARMS) - what athletes need to know education, science, spirit of sport［EB/OL］.(2015-11-18)［2022-12-25］.https://www.usada.org/spirit-of-sport/education/selective-androgen-receptor-modulators-sarms-prohibited-class-anabolic-agents.

［34］USADA.Substance profile: what athletes need to know about Ostarine education, dietary supplements, science, spirit of sport, supplement news［EB/OL］.(2017-02-06)［2022-12-25］.https://www.usada.org/spirit-of-sport/education/substance-profile-ostarine.

［35］USADA.USADA resolves four cases involving Ostarine following positive tests under the UFC anti-doping policy sanctions［EB/OL］.(2019-04-23)［2022-12-25］.https://ufc.usada.org/usada-resolves-four-ostarine-cases-under-ufc-anti-doping-policy.

［36］USADA.Top 5 things to know about LGD-4033 education, spirit of sport［EB/OL］.

(2019-09-09) ［2022-12-25］.https://www.usada.org/spirit-of-sport/education/5-things-to-know-about-lgd-4033.

［37］USADA.What should tested athletes know about GW1516? Education, spirit of sport ［EB/OL］. (2019-09-24) ［2022-12-25］.https://www.usada.org/spirit-of-sport/education/what-should-athletes-know-gw1516.

［38］WADA.WADA statement on Operation Viribus［EB/OL］. (2019-07-08) ［2022-12-25］.https://www.wada-ama.org/en/news/wada-statement-operation-viribus.

［39］EUROPOL.Keeping sport safe and fair: 3.8 million doping substances and fake medicines seized worldwide Seventeen organised crime groups involved in the trafficking of counterfeit medicines and doping material dismantled［EB/OL］. ［2022-12-25］.https://www.europol.europa.eu/media-press/newsroom/news/keeping-sport-safe-and-fair-38-million-doping-substances-and-fake-medicines-seized-worldwide.

［40］兴奋剂入刑后我国刑事制裁兴奋剂第一案宣判［EB/OL］. (2021-04-30) ［2022-12-25］. http://www.xinhuanet.com/2021-04/30/c_1127398157.htm.

［41］USADA. USADA Paralympic track & field athlete Desmond Jackson receives 14-month sanction for anti-doping rule violation［EB/OL］. (2021-10-21) ［2022-12-25］. https://www.usada.org/sanction/desmond-jackson-receives-doping-sanction.

［42］USADA. U.S. Paralympic track & field coach Jamaal Daniels accepts sanction for anti-doping rule violation paralympic track & field［EB/OL］. (2021-10-21) ［2022-12-25］. https://www.usada.org/sanction/jamaal-daniels-accepts-doping-sanction.

［43］Challenged Athletes Foundation. Desmond Jackson［EB/OL］. ［2022-12-25］. https://www.challengedathletes.org/athletes/desmond-jackson.

［44］原山东体校教练员对运动员组织使用兴奋剂事件［EB/OL］. (2018-02-05) ［2022-12-25］. https://www.sohu.com/a/221079173_503725.

［45］USADA. U.S. weightlifting athlete Scott Dlasgow accepts four-year ban for anti-doping rule violation sanction［EB/OL］. (2019-12-20) ［2022-12-25］.https://www.usada.org/sanction/scott-glasgow-accepts-doping-sanction.

［46］KSL. Eighth grader raising bar in weightlifting［EB/OL］. (2005-04-21)［2022-12-25］. https://www.ksl.com/article/78385/eighth-grader-raising-bar-in-weightlifting.

［47］The Daily Universe. Petite powerhouse packs weightlifting punch［EB/OL］.

(2007-08-08) ［2022-12-25］.https://universe.byu.edu/2007/08/08/petite-powerhouse-packs-weightlifting-punch.

［48］USADA. Paulo Costa and Carlos Costa accept sanctions for violations of UFC Anti-Doping policy［EB/OL］.(2009-04-26)［2022-12-25］. https://ufc.usada.org/paulo-costa-and-carlos-costa-accept-doping-sanctions.

［49］MMA Fighting. Paulo Costa suspended six months by USADA for prohibited IV use［EB/OL］.(2019-04-26)［2022-12-25］. https://www.mmafighting.com/2019/4/26/18518683/paulo-costa-suspended-six-months-by-usada-for-prohibited-iv-use.

［50］ MMA Fighting. USADA suspends Brazilian doctor after prescribing prohibited IV used by Paulo Costa［EB/OL］.(2020-03-23)［2022-12-25］. https://www.mmafighting.com/2020/3/23/21191230/usada-suspends-brazilian-doctor-after-prescribing-prohibited-iv-used-by-paulo-costa.

［51］Doctor responsible for the failed drug test of Paulo Costa gets suspended by USADA［EB/OL］.(2020-03-24)［2022-12-25］. https://www.essentiallysports.com/ufc-news-doctor-responsible-for-the-failed-drug-test-of-paulo-costa-gets-suspended-by-usada.

［52］Brazilian doctor who helped Paulo Costa suspended by USADA for 2 years［EB/OL］.(2020-03-25)［2022-12-25］.https://www.mmanytt.com/latest-news/brazilian-doctor-who-helped-paulo-costa-suspended-by-usada-for-2-years.

［53］CAS. Arbitration CAS 2018/A/6047 Russian Anti-Doping Agency (RUSADA) v. Andrei Valerievich Eremenko, award of 16 April 2020［EB/OL］.(2022-04-13)［2022-12-25］. https://rusada.ru/about/CAS%202018A6047%20RUSADA%20v.%20Andrei%20Valerievich%20Eremenko%20(Final%20Arbitral%20Award%2016.04.2020).pdf

［54］CAS. CAS 2020/A/6987 Rudolf Verkhovykh v. Russian Anti-Doping Agency RUSADA［EB/OL］.(2021-04-06)［2022-12-25］. https://jusmundi.com/en/document/decision/en-rudolf-verkhovykh-v-russian-anti-doping-agency-rusada-arbitral-award-tuesday-6th-april-2021-1.

［55］ USADA. U.S.weightlifting coaches Ernest Prempeh and Bernabe Chavez accept sanctions for anti-doping rule violation［EB/OL］.(2022-02-04)［2022-12-25］. https://www.usada.org/sanction/ernest-prempeh-bernabe-chavez-accept-sanctions.

［56］ USADA. U.S.weightlifting athlete Ernest Prempeh accepts sanction for anti-doping rule violation［EB/OL］. (2019-05-07)［2022-12-25］. https://www.usada.org/sanction/ernest-prempeh-accepts-doping-sanction.

［57］USADA.Weightlifting athlete Nicholas Saccente accepts additional sanction for violating period of ineligibility［EB/OL］. (2018-12-11)［2022-12-25］. https://www.usada.org/sanction/nicholas-saccente-accepts-additional-sanction.

［58］USADA.U.S. weightlifting athlete, Saccente, accepts sanction for anti-doping rule violation［EB/OL］. (2017-02-14)［2022-12-25］.https://www.usada.org/sanction/nicholas-saccente-accepts-doping-sanction.

［59］USADA. U.S. cycling athlete Jackson "Huntley" Nash receives lifetime sanction for anti-doping rule violations［EB/OL］. (2022-08-10)［2022-12-25］. https://www.usada.org/sanction/jackson-huntley-nash-receives-doping-sanction.

［60］CALEY F. Jackson "Huntley" Nash receives lifetime ban from USADA［EB/OL］. (2022-08-10)［2022-12-25］.https://cyclingtips.com/2022/08/jackson-huntley-nash-recieves-lifetime-ban-from-usada.

第三章

各项目违规案例解析

第一节　自行车项目违规案例

一个多世纪以来，自行车运动发展迅速，一袭黄衫带来的荣耀和高额的回报也成为许多团队孜孜以求的奋斗目标。然而，禁药的潘多拉魔盒一旦打开，便一发不可收拾：自行车运动失去了"更快、更高、更强、更团结"的竞技精神，成为了某些人赖以谋生、牟利的工具。随着这几年"TUE 丑闻"的曝光，自行车手使用禁药的话题再次触碰到了人们敏感的神经。

"兴奋剂"由来已久，北欧传说里神勇战士在战斗前要服用一种名为"不头痛"（Butotens 的音译）的饮料，这种饮料能增强体能、大幅提升战斗力，但可能会导致精神错乱。现代体育使用兴奋剂源起英国传统的耐力赛跑：1807年，参赛者亚伯拉罕·伍德（Abraham Wood）声称自己能保持 24 小时的持续清醒是因为使用了鸦片酊，从而最终击败其他选手。随着禁药神话的传播，另一项耐力型运动——自行车项目也开始规模化使用兴奋剂：19 世纪末，美国著名的六天自行车耐力赛的参赛者们广泛使用可卡因成为了公开的秘密[1]。

环法自行车赛也曾是兴奋剂的重灾区，在环法自行车赛中使用兴奋剂的历史可以追溯到20世纪20年代。1924年，有车手在接受采访的时候向记者炫耀他的装备："你想看我们的药片吗？说实话，我们是靠着'炸药'骑车的（意指硝酸甘油可提高心脏的功能）。"随后，他声称只是在开玩笑。在当时，绝大多数人都没有意识到禁药的危害，甚至赛事组织方也没有明令禁止。在1949年的一次电视采访中，意大利车手福斯特·考比（Foster Cobby）称他服用过安非他命，还表示如果谁想要在自行车比赛里保持竞争力，那他必须要使用安非他命类药物[1]。

早期的兴奋剂大多有很强的副作用，1899年，世界自行车赛冠军马歇尔·泰勒（Marshall Taylor）由于服药产生了幻觉；1904年，依靠"士的宁"获得冠军的马拉松选手托马斯·希克斯（Thomas Hicks）因为药物的副作用，之后再也没能正式参赛；1960年，丹麦自行车选手科纳德·简森（Knut Jenson）使用苯丙胺等药物在罗马奥运会比赛过程中死亡[2]。

为了应对过于泛滥的禁药情况，1961年IOC医学委员会在希腊雅典成立，IOC也开始在1968年的格勒诺布尔冬奥会和墨西哥夏奥会上，首次在所有比赛项目中正式实施了全面的兴奋剂检查。不过当时的检测技术不够强大，比如对当时惯用的合成类固醇毫无办法[3]。

兴奋剂和反兴奋剂就像猫鼠游戏，反兴奋剂技术和兴奋剂制造技术一直都在较量，"魔高一尺，道高一丈"。大家耳熟能详的EPO虽然在20世纪90年代就已经位列禁药名单，然而直到千禧年之后，在体育运动中监测EPO才变得可行；随后有生物

护照技术加持，监测运动员外源性肽类激素摄入多了一种手段[3]。

禁药，禁而不止，巨大的利益诱惑之下，车手们屡屡借助禁药来获得一臂之力。下面来逐一回顾几个著名案件。

环法赛场众星陨落[4]

环法自行车赛是全世界最著名的自行车公路赛事，首届比赛于 1903 年 7 月 1 日开幕，至今已走过 100 多年历史。一百多年来环法赛场精彩不断，但屡屡曝光的兴奋剂丑闻却使这一赛事蒙上了灰色的面纱。

1967 年 7 月 13 日，英国自行车运动员汤姆·辛普森在环法自行车赛期间因兴奋剂问题去世，辛普森的尸检报告显示他体内存在苯丙胺，在他的外衣里也发现了尚未服用的苯丙胺。一份官方报告称，辛普森服用的药物可能导致他过度劳累和脱水。环法赛事自 1952 年开始电视直播，1966 年兴奋剂检查首次出现在比赛中，雷蒙·普利多（Raymond Poulidor）成为第一个被查禁的选手。由于 1967 年辛普森事件引起的轰动效应，此后国际自行车联盟（UCI）禁止在自行车运动中使用提高成绩的药物，并在 1968 年正式建立反兴奋剂体系。1978 年环法赛最高战场阿尔卑 - 蒂耶首次发生禁药丑闻，当时身穿黄衫的米歇尔·博朗蒂耶（Michel Bolandier）因此出局。而后来的弗洛伊德·兰迪斯（Floyd Landis）与兰斯·阿姆斯特朗（Lance Armstrong）兴奋剂事件则彻底引爆环法赛场。

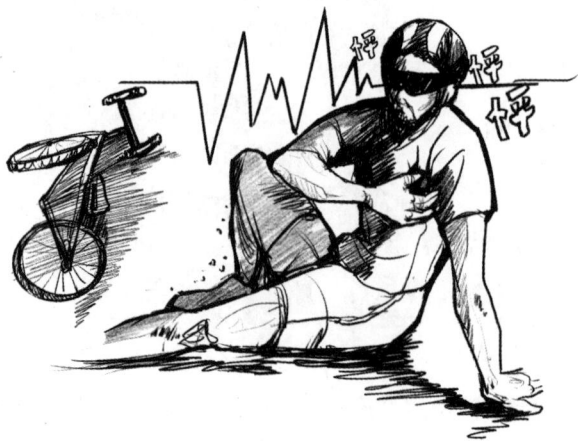

阿姆斯特朗，1971 年 9 月出生于美国得克萨斯州，美国职业自行车运动员，曾效力于美国邮政自行车队，于 1992 年开始职业生涯，1996 年身患癌症，在艰苦的治疗后于 1997 年重返赛场。在 19 年的职业生涯中，他 10 次参加环法大赛并实现环法车手七连冠，创造了环法历史上的奇迹。他在 2005 年退役后又在 2009 年宣布复出，并夺得了环法赛第三名；2011 年，他第二次宣布退役。但在 2012 年 8 月 24 日，USADA 宣布，从 1998 年 8 月 1 日至宣布之日，阿姆斯特朗因参与美国邮政自行车队兴奋剂阴谋（USPS 阴谋），违反了反兴奋剂规定，决定对其终身禁赛并取消所有比赛成绩。对此，阿姆斯特朗有权质疑 USADA 的指控并查看关于他使用兴奋剂的所有证据，但他不仅没有对 USADA 的指控提出异议，还拒绝了与 USADA 的会面（调查程序的一部分）。

实际上，有十几名证人向 USADA 披露了阿姆斯特朗使用兴奋剂的细节，他们同意作证并提供相关 USPS 阴谋的证据。多名证人指控他在 1998 年至 2005 年使用 EPO、睾酮、皮质醇及输血，

并在 1996 年之前使用 EPO、睾酮和 hGH，并声称阿姆斯特朗向他们承认自己使用过兴奋剂；还有证人表示阿姆斯特朗在 1999 年至 2005 年向他们提供包括 EPO、睾酮和可的松在内的兴奋剂并鼓励他们使用。此外，科学数据也证实了阿姆斯特朗在 2009 年的环法自行车赛中复出时，使用了包括 EPO 和输血在内的禁用物质与方法。

根据 USADA 关于奥运会和残奥会运动检查的议定书、美国奥委会国家反兴奋剂政策、美国自行车规则和 UCI 反兴奋剂规则（UCI ADR），阿姆斯特朗的行为被认定为违反反兴奋剂规则，根据《世界反兴奋剂条例》，情节严重，阿姆斯特朗被处以终身禁赛，并取消其在 1998 年 8 月 1 日及之后取得的所有比赛成绩，没收奖牌、奖金、奖品，撤销头衔、积分。

由于七冠王阿姆斯特朗被终身禁赛，2006 年的环法大赛变得异常激烈。最终，兰迪斯以 89 小时 39 分 30 秒的成绩获得总成绩冠军。但不到一周后，兰迪斯便被查出药检呈阳性（睾丸激素超标），涉嫌服用违禁药物，并在 2007 年 9 月 20 日由 AAA 宣布剥夺他环法冠军的头衔。值得一提的是，因使用兴奋剂而被处罚的兰迪斯也是阿姆斯特朗事件的证人之一，他曾表示阿姆斯特朗与自己讨论过使用兴奋剂的事情，同时还向他解释 EPO 的检测方法，以及随着新检测手段的发展血液注射这种方法的好处。

继阿姆斯特朗事件之后，兰迪斯事件在全世界范围内再次引起轩然大波，对环法大赛的百年盛誉无疑又是一次沉重打击。

阿尔贝托·康塔多的禁药风波[5]

阿尔贝托·康塔多（Alberto Contador）是一名西班牙籍精英职业自行车运动员。2010 年他作为阿斯塔纳职业车队的成员，参加了 2010 年环法自行车赛，并夺得了冠军。

2010 年 7 月 21 日，即 2010 年环法自行车赛第 16 个赛段后的休息日，UCI 对康塔多进行了兴奋剂检查，康塔多 A 瓶样本的检测结果为含有少量的克仑特罗，浓度为 50 pg/mL，克仑特罗属于 2010 年版 WADA《禁用清单》S1.2 其他蛋白同化制剂，赛内外均禁用。随后康塔多申请了 B 瓶检测，并声称这次阳性结果肯定是因为摄入受污染的肉类所致。但不幸的是，B 瓶样本也呈克仑特罗阳性。

由于在康塔多 A、B 样本中均检测到低浓度的瘦肉精，而在 2010 年 7 月 21 日之前采集的样本中不含瘦肉精，UCI 以及 WADA 决定对康塔多案件进行一系列调查，试图了解所有真相。经过调查，多项证据证明康塔多违反了反兴奋剂规定。随即 UCI 要求西班牙自行车联合会（RFEC）对康塔多启动纪律程序。而 RFEC 国家竞技与纪律委员会（CNCDD）经过调查，做出了对康塔多无罪释放的决定。UCI 和 WADA 对此大为不满，先后向 CAS 提出上诉。

CAS 根据 UCI 和 WADA 以及康塔多方提交的证据以及证人证词，认为康塔多体内瘦肉精检测结果呈阳性更有可能是由于摄入受污染的食品补充剂造成的，且康塔多在造成阳性结果的行为中存在重大过错或疏忽，最终裁定康塔多违规摄入禁用物质克仑特罗行为成立，对其处以 2 年禁赛，禁赛期从 2011 年 1 月 25 日起，同时剥夺其 2010 年环法自行车赛冠军、2011 年环意自行车赛冠军、2011 年环法自行车赛第 5 名的成绩。随着康塔多禁药丑闻曝出，十多年前众多自行车明星们兴奋剂违规事件也相继浮出水面。

知名队医引发英国车坛禁药丑闻[6]

2012伦敦奥运会和2016里约奥运会上，英国自行车队成绩耀眼，分别获得了8金与6金，均获得了12枚奖牌。而在2021年3月，英国车坛爆出了兴奋剂丑闻。据《纽约时报》报道，曾在英国天空车队和英国自行车协会就职的队医理查德·弗里曼（Richard Freeman）被裁定曾故意购买禁药，再度引发了外界对曾与他合作过的运动员的质疑，包括两位环法自行车赛冠军克里斯·弗鲁姆（Chris Froome）和布拉德·维金斯（Bradley Wiggins）在内的多名知名自行车运动员牵扯进了这桩禁药风波当中。

而早在2016年弗里曼涉嫌购买并给运动员使用禁药的消息就已经被英国媒体曝出，此后，该事件就进入了漫长的调查。有爆料称，早在2011年环多菲内比赛期间，车手维金斯就曾从弗里曼处收到过违禁药物。随后的多年时间里，弗里曼多次向运动员提供禁药，即便有运动员根据自身情况申请过TUE，但实际的用药情况早就超过了TUE所允许的限度。对于外界的质疑，弗里曼一直予以否认。

2021年3月，英国医疗从业者法庭做出了裁决，判定弗里曼的确曾在明知药物会用于提升运动员竞技表现的情况下，购买违禁药物并给运动员使用。在案件调查时弗里曼还通过种种方式来进行掩盖。一开始其声称自己没有下单购买，是药物公司误送了药物；后来又表示，自己的确是购买了药物，但是是在英国队和天空车队的教练苏顿的指示下购买的；他还声称保

存着当初医疗工作记录的笔记本电脑被盗，因此无法出示相关的记录文件，导致调查难度增加。法庭经调查后未采信弗里曼的说辞，而是给了他应有的判罚。这一次英国车坛的禁药风波或许只是冰山一角，有媒体评论称，这可能成为环法七冠王阿姆斯特朗禁药事件后，自行车坛最大的兴奋剂案件。

阿尔凯亚车队与主将金塔纳共涉药物违规^[7-9]

奈洛·金塔纳（Nairo Quintana）出生在自行车王国哥伦比亚，整个国家盛产顶级爬坡手，金塔纳毫无疑问是其中最杰出的车手之一，在顶级职业公路车比赛中成绩非常出众。2020年金塔纳开始效力于法国高水平职业车队阿尔凯亚车队，服务期限为3年，在此期间，却频频曝出兴奋剂丑闻。

据法新社报道，法国警方于2020年9月中旬突袭了参加2020环法自行车赛的阿尔凯亚车队所下榻的酒店房间，并发现了许多药品，其中也包括违禁药品。阿尔凯亚车队的领军人物、两届环法自行车赛亚军金塔纳的房间也在警方搜查的范围之中。马赛DCO多米尼克·劳伦证实，针对阿尔凯亚车队涉嫌在2020环法自行车赛中服用兴奋剂的违规正在调查中。

2022年，金塔纳在环法自行车赛上获得第六，而在赛后的兴奋剂检查中被查出曲马多阳性而被UCI取消当年的环法自行车赛成绩。由于曲马多的副作用，自2019年3月1日起，UCI已禁止在所有类别的比赛中使用曲马多，以保护骑手的健康和安全。根据UCI医疗规则，违反赛内禁止使用

曲马多的规定是违反医疗规则但并不构成兴奋剂违规，不会受到禁赛的处罚。由于这是其第一次违反 UCI 医疗规则，金塔纳被取消了比赛成绩，但他仍可以参加之后的比赛。

金塔纳不服此判决向 CAS 提起了上诉，希望能推翻判决恢复自己的比赛成绩；CAS 认为 UCI 递交的证据充分，金塔纳在 2022 年环法赛期间于 7 月 8 日和 13 日提供的两份干血点样本分析显示，其中都含有曲马多及其他两种代谢物。CAS 尊重 UCI 在其权力管辖范围内作的决定，维持原判。此前，金塔纳已经确认了会在本赛季后与阿尔凯亚车队解约；在上诉被驳回的情况下，金塔纳职业前景也会更加扑朔迷离。

新西兰女骑手跌入禁药深渊 [10]

前述的兴奋剂违规案例大多涉及男子运动员，事实上女子自行车运动员的兴奋剂违规也屡见不鲜。USADA 于 2022 年 9 月 24 日宣布，新西兰 24 岁的女子自行车运动员奥利维亚·雷伊（Olivia Ray）因持有并使用多种违禁物质违反反兴奋剂规则，被判罚禁赛 30 个月。在 2021 年 12 月收到举报人的信息后，USADA

启动了一项调查，该调查收集到了当时在美国生活和比赛的雷伊违反反兴奋剂规则的证据。面对证据，雷伊全力合作，承认她持有并使用了人生长激素（hGH）、克仑特罗和氧甲氢龙等违禁物质。最终 USADA 判罚其禁赛 30 个月，取消其 2021 年 5 月 17 日及之后的比赛成绩，并没收奖牌和奖品、撤销积分。

启示与思考

　　自行车项目本就是典型的体能类项目，对爆发力、有氧耐力及身体的恢复能力都有很高的要求，体能往往成为制胜关键。项目的特点使自行车项目成为使用兴奋剂的重灾区，尤其是合成类固醇和 EPO 常被用于自行车赛中。一个多世纪以来，自行车项目药物滥用问题已愈演愈烈，甚至相关方一度讨论将该项目逐出奥运会赛场。UCI 更需以壮士断腕之决心铲除兴奋剂毒瘤，还自行车运动一片纯净的天空。

第二节　田径短距离项目违规案例

　　田径起源于人类的基本生存活动，只要你迈开腿跑起来，就自然成为了一名跑者。田径项目包含的小项众多，可分为田赛、径赛、公路跑、竞走、越野赛跑等类别，很好地诠释了"更快、更高、更强、更团结"的奥林匹克格言。来自世界各地的田径运动健儿们不断努力，向着奥运会、世锦赛和国际田联钻石联赛等世界级重大赛事的最高领奖台发起冲击。

　　由于竞争压力、项目特点、管理薄弱、教育缺失以及其他有关原因，田径项目兴奋剂问题频发。WADA 于 2021 年末发布的 2019 年各项目兴奋剂违规报告中，田径项目高居第二[11]。仅仅在百米飞人中，就有好几位耳熟能详的运动员如科尔曼、盖伊、鲍威尔都曾因兴奋剂违规而深陷泥沼[12]，有着"花蝴蝶"之称的美国短跑运动员乔伊娜创造的世界纪录至今无人能破，但她在38岁溘然长逝，许多人也将其辞世原因与兴奋剂联系在一起[13]。

本·约翰逊："世纪之骗"，震惊世界

著名的加拿大田径运动员本·约翰逊（Benjamin Sinclair Johnson）在世界田径史上留下的，不仅有震撼人心的风驰电掣，也有震惊世界的禁药丑闻。

1988年9月2日，在汉城奥运会男子100米决赛的起跑线上，站着8位进入决赛的佼佼者。发令枪响，运动员们如离弦之箭，向着终点线飞奔而去，最终，约翰逊以9秒79的成绩战胜老对手卡尔·刘易斯（Carl Lewis），不仅刷新了自己的最好成绩，还创造了新的世界纪录。现场和电视机前的观众都沸腾了，因为他们见证了奇迹的发生。

然而，就在决赛结束的两天后，加拿大奥运代表团接到了约翰逊阳性结果通知。随后约翰逊的兴奋剂检测阳性结果被公之于众，他的金牌被收回，成绩与世界纪录被取消，并被禁赛2年，而他的老对手刘易斯则递补获得了这枚金牌。

从站在世界之巅到跌入万丈深渊，就在这片刻之间。约翰逊不能接受这样的结局，他不断为自己辩护，说他的样本中的兴奋剂来自赛前因治疗注射的可的松，还说自己在赛前只喝过医生提供给他的饮料，而约翰逊的教练弗朗西斯（Francis）也暗示是有人往约翰逊的饮料里添加了违禁物质。加拿大政府对此进行了调查，在

此期间，约翰逊的私人医生和弗朗西斯都承认约翰逊曾使用过类固醇，约翰逊自己也承认曾使用过类固醇。约翰逊的私人医生透露，在汉城奥运会前26天时，他给约翰逊最后注射了一种合成物质，而这种物质本是用在动物身上的。本事件至今仍流传着各种版本的"真相"，但阳性结果已尘埃落定。

在两年禁赛期满后，约翰逊重返赛场，依然保持着很高的竞技水平。然而，本该接受教训的约翰逊故态复萌，在1993年蒙特利尔举办的一场国际大赛中，再次在赛内检查中被检出阳性，国际田联和加拿大田联都判罚他终身禁赛[14]，这一次，他永远失去了重返赛场的机会。

值得一提的是，这场本该在田径史上留下浓墨重彩一笔的汉城奥运会男子100米决赛，却因先后有多名运动员兴奋剂检测呈阳性而被称为"历史上最肮脏的比赛"[15]。

在远离赛场多年之后，约翰逊仍难以摆脱兴奋剂违规的阴影，他依然能感受到被自己过去的错误行为惩罚着，时至今日有其他运动员被查出阳性时，还时不时会提到约翰逊的例子。不过，在汉城奥运会举办25年后，约翰逊故地重游，参加了一场反兴奋剂活动。重新站在当年参加百米决赛的第六跑道上，约翰逊展开了一封长达百米的请愿书，上面有3700个签名，代表着签名者共同抵制兴奋剂的决心与愿望。走到终点后，约翰逊重现了当年夺冠的庆祝动作，他在接受采访时表示，对于当年的兴奋剂违规，自己当然是自责与后悔的，脑海中也时常会闪现"这是你曾做过的事"，但人是无法回到过去的[16]。

时间当然不能倒流，运动员也不能撤销自己犯下的错误，正视并且避免再犯才是唯一的选择。近几十年来，随着全世界反兴奋剂管理水平、检查检测能力、宣传教育力度、国际沟通协作的不断加强，赛场环境得到不断净化，"纯洁体育"理念深入更多人的心中，使用兴奋剂不再是理所应当的选择，"其他人都在用"也不是随波逐流的理由，运动员不能为了当一时的"英雄"，而做一辈子的罪人。

麦克尼尔：一念之差，五年处罚[17-18]

布安娜·罗林斯－麦克尼尔（Brianna Rollins-McNeal）是一位国际知名的美国短跑运动员，出生于1991年，曾取得过非常不俗的成绩，在2013年田径世锦赛和2016里约奥运会女子100米栏项目中均获得金牌。

自2012年起，麦克尼尔进入了注册检查库，她先后接受了至少70次兴奋剂检查，从未被检出阳性。然而在2017年麦克尼尔被USADA禁赛1年，原因是她在12个月内3次错过检查，构成了兴奋剂违规，这意味着她如果再作出任何兴奋剂违规行为，将因第二次兴奋剂违规而面临更严重的处罚，麦克尼尔显然深知这一点。2020年当她再次因错过检查而陷入麻烦时，她所选择的"解决方式"将她推向了无法回头的深渊。

2020年1月12日上午，一名DCO被指派前往麦克尼尔填报的行踪信息申报地址开展兴奋剂检查任务，这个时间段正是她填写的建议检查时间。不过，DCO在敲门和拨打电话后未能找到运动员，于是根据规定填写了未查到报告。1月30日，AIU通过邮件告知麦克尼尔她错过了检查，并要求她解释说明。在那个时间点，麦克尼尔在过去的12个月中曾有过一次错过检查，那是在2019年6月。

随后麦克尼尔提交了关于她错过检查的说明。她解释道，自己在建议检查时间内确实待在行踪申报地点，但在1月11日，她在洛杉矶经历了一场"意料之外的医学治疗"，由于使用了镇静剂，她一直处于无意识的状态，无法在建议检查时间醒来并接受检查。为了佐证自己的解释，麦克尼尔附上了一份治疗医

师手写的医疗证明，内容表示其 1 月 11 日对她进行了治疗并开具了药物。

经过视觉上的比对，AIU 认为这份医疗证明上的治疗日期是被修改过的，而麦克尼尔后续应 AIU 要求提交的另外两份医疗证明也被发现是经过修改的。鉴于此，AIU 要求麦克尼尔提交了所有有关她接受治疗的文件、单据和记录，从中发现麦克尼尔接受治疗的时间实为 1 月 10 日，与运动员此前提供的信息不符。在后续与 AIU 的面谈中，麦克尼尔承认了自己没有向任何人确认治疗日期，就直接在医疗记录上进行了修改，并提交给 AIU 的行为。

2021 年 4 月 7 日，国际田联纪律法庭召开听证会，基于现存证据、证词以及麦克尼尔的过错程度，判定她的行为构成了篡改兴奋剂管制环节的兴奋剂违规，判罚其禁赛 5 年，禁赛期从 2020 年 8 月 15 日起。麦克尼尔不服国际田联的判罚，上诉至 CAS。在麦克尼尔向 CAS 提交的材料中提到了一些之前未曾交代的细节：在 2020 年 1 月初，麦克尼尔意外怀孕，但为了不错过即将举办的东京奥运会，于是决定终止妊娠，并在加利福尼亚州的一家诊所进行终止妊娠的手术。在手术中，医生对她使用了大量的镇静剂，因为药物的作用，随后几天她都处于意识模糊状态。2020 年 1 月 12 日，无论是麦克尼尔还是她的丈夫都未留意到 DCO 的到访，直至 1 月 30 日他们收到了错过兴奋剂检查的通知邮件，才了解此事。麦克尼尔表示，自己确实犯了错但目的并不是要篡改兴奋剂管制环节，只是想保护自己的隐私，自己当时正因终止妊娠手术而精神状态不佳。

而国际田联对麦克尼尔的说法并不认同。他们表示，麦克尼尔三次修改医疗证明，其主要目的在于增加自己解释的说服力，为了避免留下这次错

过检查的记录而增加再次兴奋剂违规的风险。此外，国际田联还认为，麦克尼尔将保护隐私作为更改医疗证明的理由是行不通的。不仅如此，国际田联还从麦克尼尔的社交媒体账号上发现她在 1 月 11 日发布了几条社交媒体动态，因此运动员提供的因为精神状态而错过检查的说辞无法成立。

CAS 就双方提交的证词、证据进行分析和研判后，支持国际田联对于麦克尼尔的判罚决定，驳回了麦克尼尔的上诉。最终，麦克尼尔被判罚禁赛 5 年，禁赛期从 2020 年 8 月 15 日起，她在 2020 年 2 月 13 日至 8 月 14 日期间所获得的比赛成绩均被取消，相应的奖牌被没收，头衔、积分被撤销，奖金被收回。

麦克尼尔最终面临的判罚不免令人唏嘘，事实上，如果她诚实面对 2020 年 1 月 12 日的那次错过检查，配合做好调查和解释工作，正视错误，并在接下来的 6 个月内认真执行好填报行踪信息的程序，避免第 3 次错过检查，她将很可能不会面临第二次兴奋剂违规。麦克尼尔选择通过百般狡辩、修改记录、寻找理由来篡改兴奋剂管制环节，这说明她很清楚第二次兴奋剂违规的严重后果，想要极力避免，而一念之差让她做了错误的选择，也亲手断送了自己的职业生涯，这次禁赛不仅使她错过了 2020 东京奥运会，也将告别 2024 巴黎奥运及其他众多重大赛事。

曾丽雅克与波夫：违规行为，无所遁形 [19-20]

欧哈·曾丽雅克（Olha Zemliak）与欧西莉亚·波夫（Olesia Povh）是两位国际级短跑运动员，她们代表乌克兰参加了 2012 伦敦奥运会，并夺得了女子 4×400 米接力的铜牌，她们还一同参加了 4 年后的 2016 里约奥运会。2013 年 8 月至 2017 年 2 月，国际田联对曾丽雅克进行了 5 次兴奋剂血液检查；同样，2011 年 8 月至 2017 年 3 月，国际田联对波夫进行了 6 次兴奋剂血液检查。对这两人的检查都是通过使用一种新型的检测方法，其中在曾丽雅克的一次检查中发现血液样本中含有一定量的睾酮，而在波夫的两次检查中也发现了睾酮。在她们二人的样本中检测出的睾酮含量，远远超过一般运动员以及女性体内的平均含量，她们的样本被送至独立研究机构，经专家复核，认定大概率是由于二人使用了外源性睾酮。

　　2018 年 2 月 6 日，曾丽雅克与波夫分别收到了乌克兰田径协会（UAF）对于她们兴奋剂违规的正式判罚，曾丽雅克被判罚禁赛 8 年，因为这是她第二次兴奋剂违规，在 2009 年曾丽雅克曾因蛋白同化制剂代谢物阳性而被禁赛 2 年；波夫被判罚禁赛 4 年。她们的禁赛期都从 2017 年 8 月 3 日起算。两位运动员不服判罚结果，并上诉至 CAS。曾丽雅克与波夫认为，在整个案件的审理流程中，她们并没有得到关于判罚结果的合理解释。两位运动员认为，这种所谓 "血液类固醇档案" 检测方法并没有得到 WADA 的批准，是不合规的，WADA 和国际田联都没有对这种检测方法设置任何特殊的结果管理流程，而且这种出于研究而非反兴奋剂意图的行为事先并未得到她们的同意，有鉴于此，她们不应该被禁赛。此外，她们认为就算被判罚禁赛，自己的禁赛期也应该从样本采集之日起算，而不是 2017 年 8 月 3 日。

　　UAF 没有对两位运动员的控诉进行任何的回应，而 WADA 则表示，曾丽雅克与波夫的样本检测结果是可靠的，并且她们的样本是符合使用了睾酮的情况的，并且从两位运动员处收集的样本是用于反兴奋剂目的而非研究。不过由于样本检测和违规通知流程耗时超过一年，WADA 基本上同意将禁赛期的开始时间提前至样本采集时间，但她们样本采集之日起所取得的成绩需要被取消。

CAS 独任仲裁员结合事实、双方的观点和适用法律，对案情进行了研判，部分支持了曾丽雅克与波夫的诉求，最终裁定曾丽雅克和波夫分别禁赛 8 年和 4 年，禁赛开始时间均从她们各自的样本采集之日起算，同时也取消了从此之后所获的比赛成绩，没收了奖牌，撤销了积分，收回了奖金。

随着科学技术的进步，尽管使用兴奋剂的手段变得越来越隐秘，部分运动员样本中的禁用物质变得更难被检出，但兴奋剂检测技术也在不断发展，曾丽雅克与波夫体内的睾酮异常情况，正是通过对二人长期的指标监控和运用最新的技术而探知的，而这样你追我赶的"猫鼠游戏"也必将长期持续。

罗伯茨："祸"从口入，因小失大 [21]

吉尔·罗伯茨（Gil Roberts）是一名国际知名的美国短跑运动员，他和他的队友曾为美国队夺得 2012 年世锦赛男子 4×400 米接力金牌和 2016 里约奥运会男子 4×400 米接力金牌。

2022 年 5 月 19 日，罗伯茨在一次赛外兴奋剂检查中，被检出两种《禁用清单》中 S1 类蛋白同化制剂阳性，该类物质赛内外均禁用。USADA 随即对此展开了调查，发现罗伯茨的阳性结果是因为他使用了某种营养品，而该营养品的包装上并没有罗列出任何禁用物

质，但 USADA 将该营养品在 WADA 授权的实验室里进行了检测，发现其中含有罗伯茨样本中被检出的那两种蛋白同化制剂。

尽管罗伯茨的阳性结果是由于使用了受污染的营养品，但这不能成为他逃避处罚的理由。最终，USADA 判罚罗伯茨禁赛 16 个月，禁赛期从 2022 年 6 月 3 日即他的临时停赛开始之日起，这意味着他将失去参加 2023 年布达佩斯世锦赛的机会，此外从他的阳性样本采集之日起所获得的成绩被取消，奖牌被没收、积分被撤销与奖金被收回。

启示与思考

在本节中提到的五名田径短距离项目的运动员，无一不是在奥运会等世界大赛上取得佳绩的闪耀明星，在闪光灯下接受掌声，在欢呼声中披上国旗，他们都想在塑胶跑道上续写传奇，创造更多的奇迹。在赛场上，短距离项目的精彩往往以毫秒计数，而运动员们在场下却要付出长年累月的艰苦努力，谁想让自己的荣誉如流星划过般转瞬即逝呢？！然而，命运掌握在运动员自己的手中，有时候，是一念之差做出了错误的选择，有时候，是一时不慎导致了不可挽回的后果。故意使用兴奋剂、违反行踪信息管理规定、篡改兴奋剂管制环节、因服用受污染营养品导致检测阳性……看完这几位短跑飞人的案例，你是否也为他们感到惋惜呢？

第三节　田径长距离项目违规案例

长跑是典型的周期性耐力项目，这一项目的竞技成绩很大程度上取决于运动员的有氧耐力水平。长跑项目运动员使用兴奋剂的历史很久，从最早的士的宁、鸦片酊到苯丙胺再到后来出现的血液回输、EPO 等违禁物质和方法都曾大规模出现在长跑项目中。被称为 "长跑王国" 的肯尼亚，培养了以埃鲁德·基普乔格 (Eliud Kipchoge) 为代表的一大批顶尖长跑运动员。而有报道称仅在 2022 年就有多达 25 名肯尼亚运动员因各种兴奋剂违规被禁赛，其中绝大多数为长跑运动员，令人瞠目。肯尼亚因大范围出现兴奋剂问题而被 AIU 列为兴奋剂问题最严重的国家之一。未来很长一段时间 "长

跑之国"将接受国际田联更加严格的监督和处罚。

随着反兴奋剂工作不断向前推进,针对长跑项目的兴奋剂检查力度不断加大,国际赛场中长跑项目的兴奋剂事件有所减少。但是近年来在世界范围内掀起了路跑热潮,越来越多的商业介入催生了诸多跑团、训练营、俱乐部等组织,当今世界最为著名的两个长跑组织便是莫·法拉 (Mo Farah)、盖伦·鲁普 (Galen Rupp)、席凡·哈桑 (Sifan Hassan) 领衔的"俄勒冈计划"(Oregon Project)以及基普乔格和凯内尼萨·贝克勒(Kenenisa Bekele)领衔的 NN 跑团(NN Running Team)。NN 跑团与"俄勒冈计划"拥有全球最顶尖的运动员,包揽着世界级比赛的冠军奖项,保持着世界、大洲和国家的各项长跑纪录。两者在各类国际赛场中不断上演"火星撞地球"的大戏,不断向各项纪录发起挑战,不断冲击人类的长跑比赛极限。但是近年来两个跑团中均有成员卷入兴奋剂丑闻,随之它们也陷入了舆论的旋涡,"俄勒冈计划"更是因此于 2019 年宣布解散。

阿尔贝托·萨拉萨尔与"俄勒冈计划"[22-23]

20 世纪 70 年代末 80 年代初,美国队在中长跑项目中具有统治地位,但随着时间的推移,人才缺失及自身能力的下降,使美国陷入奖牌荒。2001 年,恰逢美国路跑运动大发展之际,使美国大众热衷于路跑运动和马拉松运动,但在当年的波士顿马拉松中,美国本土选手仅仅获得第 6 名的成绩。为了摆脱这种窘境,以美国中长跑教练阿尔贝托·萨拉萨尔(Alberto Salazar)为首席教练的"俄勒冈计划"随之而生。

萨拉萨尔选拔了可塑性更强的年轻选手,招募运动员放眼全世界而不局限于美国本土。这一策略使萨拉萨尔成为跑步届最具影响力的教练,麾下招揽了一大批世界上最为成功的运动员,如表所示。

姓名	国籍	代表成绩
莫·法拉（Mo Farah）	英国	2012/2016 奥运会 5000 米 /10000 米四枚金牌得主；2011/2013/2015 世锦赛 5000 米冠军；2013/2015/2017 世锦赛 10000 米冠军；2018 芝加哥马拉松冠军
盖伦·鲁普（Galen Rupp）	美国	2012 奥运会 10000 米亚军；2016 奥运会马拉松季军；2017 芝加哥马拉松冠军
马修·森特罗维茨（Matthew Centrowitz）	美国	2016 奥运会 1500 米冠军
达坦·里岑海恩（Dathan Ritzenhein）	美国	2009 半马世锦赛季军；2009 世锦赛 10000 米第 6 名
凯拉·古彻尔（Kara Goucher）	美国	2007 世锦赛女子 10000 米亚军；2008 奥运会 5000 米第 8 名，10000 米第 8 名；2008 纽约马拉松季军；2009 波士顿马拉松季军
乔丹·哈赛（Jordan Hasay）	美国	2017 波士顿马拉松女子季军；2018 芝加哥马拉松季军
卡梅隆·莱文斯（Cameron Levins）	加拿大	2012–2015 加拿大全国锦标赛 5000 米冠军
香农·罗布里（Shannon Rowbury）	美国	2009 世锦赛女子 1500 米季军；2012/2016 奥运会女子 1500 米第 4 名
玛丽·凯恩（Mary Cain）	美国	2014 U20 世锦赛女子 3000 米冠军
多诺万·布拉兹尔（Donovan Brazien）	美国	2019 世锦赛 800 米冠军
席凡·哈桑（Sifan Hassan）	荷兰	女子 1 英里 /5 公里 / 一小时世界纪录保持者；2019 世锦赛女子 1500 米 /10000 米冠军
康斯坦茨·克洛斯特哈尔芬（Konstanze Klosterhalfen）	德国	2019 世锦赛女子 5000 米季军
大迫杰（Suguru Osako）	日本	2018 芝加哥马拉松，2:05:50 打破亚洲纪录；2020 东京马拉松赛，2:05:29 创造新的日本国家纪录；2020 东京奥运会男子马拉松第 6 名

　　经过多年的耕耘，"俄勒冈计划"成果渐渐显现。近年来，美国马拉松成绩取得了飞跃性的进步，特别是以莫·法拉、盖伦·鲁普、席凡·哈桑为代表的优秀运动员已经具备了与非洲军团对抗的能力。

　　然而，2019年9月30日USADA宣布，对萨拉萨尔和内分泌医生杰弗里·布朗（Jeffrey Brown）实施为期4年的禁赛制裁。二人涉嫌走私禁药，企图篡改兴奋剂管制环节，并实施违禁的静脉输液等。内分泌医生布朗是萨拉萨尔的私人医生，一直以每月收取固定费用的方式为"俄勒冈计划"的运动员服务。禁药事件曝光后，2019年10月10日晚"俄勒冈计划"被宣布全面关停。

　　根据前"俄勒冈计划"运动员达坦·里岑海恩（Dathan Ritzenhein）的回忆，"刚加入到团队他就开始大量服用补充剂，萨拉萨尔将那些补充剂放在地下室的一间屋子里，几乎所有队员都要服用"。在USADA反兴奋剂官员的报告中把萨拉萨尔形容为一个永远为"俄勒冈计划"麾下那些世界级运动员打开着的移动药箱：他会提供或帮助队员们得到处方剂量的维生素D、降钙素、硫酸亚铁、舒利迭（一种治疗哮喘的药物，是由长效β_2受体激动剂与糖皮质

激素组成的复方吸入制剂）、睾酮素以及各种各样的甲状腺药物，其中很多
种药物并未证实对跑步者有益。

　　USADA 的调查还发现，萨拉萨尔和布朗医生曾经违规实施大剂量静脉注
射左旋肉碱。2011 年 1 月，萨拉萨尔得知了英国诺丁汉大学的一项研究，表
明运动员体内的左旋肉碱达到极高水平甚至超出正常范围时，比赛成绩似乎
会有所提高。他先是在运动员身上尝试含有左旋肉碱的饮料，但是这种方法
需要至少六个月才能起作用。然而，当时距离 2012 伦敦奥运会只有两个月时
间，萨拉萨尔急需一种更高效的方式。而就在这时诺丁汉大学的研究人员尝
试了一种全新的方法，他们为病患输注了左旋肉碱，从而让病患体内左旋肉
碱的含量较基准水平增加了几千倍。通过这种方式，只要短短 4 小时 10 分钟，
就能达到饮用左旋肉碱饮料 6 个月的效果。萨拉萨尔紧急行动起来，他决定
在一位员工身上试验这种方法。助理教练史蒂夫·马格内斯（Steve
Magness，曾是美国优秀中长跑运动员，18 岁时曾为 1 英里跑全美排名第一、
世界排名第五的高中生，后因健康问题结束运动生涯，担任顶级长跑运动员
教练）成为了那个被选中的小白鼠。他们进行了一次输液前跑步机测试，并
在滴注完左旋肉碱后又进行了一次跑步机测试，结果"简直令人难以置信"。
USADA 取得的医疗记录显示，布朗医生以重力静脉滴注的方式，连续为马格
内斯滴注了 4 小时 10 分钟的左旋肉碱。反兴奋剂官员认为，左旋肉碱并非违
禁药物，但布朗医生使用的注射方法是违禁的。2012 年版《禁用清单》规定：
"除在住院治疗、外科手术或临床研究中合理接受输液及 / 或注射以外，禁
止每六小时输液及 / 或注射超过 50 毫升液体。"他们推测："布朗医生给马
格内斯的输液量可能至少达到了 1000 毫升。"这件事不由得让很多人记起
2014 年莫·法拉注射左旋肉碱事件（莫·法拉 2011 年加入"俄勒冈计划"
跟随萨拉萨尔训练，2017 年退出"俄勒冈计划"）。有关报道显示，2014 年
伦敦马拉松赛前，莫·法拉曾经接受了四次左旋肉碱注射。虽然英国田径
协会和莫·法拉的律师坚称，这些注射剂远远低于反兴奋剂规则中的限度（据

莫·法拉上报他的注射量为13.5毫升），这一事件也将莫·法拉推入舆论旋涡，关于他究竟注射了多少剂量的左旋肉碱众说纷纭。

USADA调查报告显示，萨拉萨尔和布朗医生还进行过另外一项涉嫌兴奋剂违规的人体实验。两人于2009年曾经进行过一项睾酮凝胶（睾酮在《禁用清单》中为S1蛋白同化制剂，属赛内外均禁用物质）的人体实验。USADA截获的布朗医生的邮件显示，2009年6月下旬，萨拉萨尔从他两个已成年的儿子（非职业运动员）处收集跑前尿样，以检测他们的基础睾酮水平，并让他们在实验室的跑步机上进行测试，随后将两剂名为AndroGel的睾酮凝胶涂抹在二人背上。跑步结束后，萨拉萨尔再次收集了他们的尿样并进行检测。东窗事发后他们辩称，萨拉萨尔进行上述测试是担心有人可能会将睾酮涂抹在运动员身上，导致他们的药检结果呈阳性。其实萨拉萨尔极有可能是在通过这种方式测试规避兴奋剂检测阳性的"安全"剂量。

深陷禁药丑闻，后来又被指控虐待女性运动员，"俄勒冈计划"陷入了舆论的旋涡，最终导致解散；而萨拉萨尔这位昔日中长跑知名教头也名誉扫地，晚节不保。

NN跑团中的兴奋剂丑闻 [24-25]

　　乔斯·赫尔门斯（Jos Hermens）曾经是荷兰中长跑名将，在结束运动员职业生涯后成为一名体育经纪人，潜心经营多年后赫尔门斯在中长跑领域已颇有名气。他成立了著名体育经纪管理公司 "全球体育传播（Global Sports Communication）" 并担任 CEO。在接受了荷兰保险商 NN 集团的赞助后，NN 跑团在 2017 年鹿特丹马拉松前夕正式成立。这支跑团云集了基普乔格、贝克勒、杰弗里·卡姆沃罗 (Geoffrey Kamworor)、阿贝尔·基鲁伊（Abel Kirui）、杰弗里·基鲁伊 (Geoffrey Kirui) 等最顶尖的一批中长跑运动员，被称为 "地表最强跑团"。NN 跑团的职业运作是非常成功的。在过去 5 年，NN 跑团在中长跑领域掀起一股橙色风暴，其麾下运动员获得的世界大赛冠军不胜枚举。

　　对于反兴奋剂 NN 跑团的态度是积极的，对其运动员的管控也是非常严格的。尽管不像 "俄勒冈计划" 那样由教练主导使用违规手段玩 "擦边球" 而将整个团队置于系统性风险之中，但 NN 跑团运动员依然出现了一些兴奋剂问题。

　　根据媒体报道，2022 年 10 月肯尼亚马拉松运动员菲利蒙·卡切兰·洛凯迪（Philemon Kacheran Lokedi）因使用禁药被禁赛 3 年。洛凯迪是 NN 跑团成员，也是基普乔格最强的训练伙伴之一。洛凯迪在 2022 年 4 月份的一次赛外检查中查出 "外源性睾酮" 阳性（《禁用清单》中属于 S1 蛋白同化制剂，赛内外均禁用），7 月初起被临时禁赛，不得不退出英联邦运动会，原本需

被禁赛 4 年，但因为第一时间承认有罪，禁赛期缩短到 3 年。随着洛凯迪被禁赛的消息传出，NN 跑团第一时间将其除名。

2022 年 10 月 20 日，34 岁的肯尼亚田径名将、NN 跑团成员、"破 2 挑战兔子天团"配速员之一的马里乌斯·基普塞雷姆 (Marius Kipserem) 由于使用 EPO（《禁用清单》中属于 S2 肽类激素、生长因子、相关物质和模拟物，赛内外均禁用），违反了世界田联反兴奋剂规则，被 AIU 禁赛 3 年。根据 AIU 披露，基普塞雷姆是在 8 月 17 日肯尼亚卡普萨贝特进行的一次赛外测试中，尿液样本检测出 EPO 呈阳性。基普塞雷姆是第三位发生兴奋剂违规的"破 2 挑战兔子天团"成员。

NN 跑团是以严苛管理著称的跑团，在运动员出现兴奋剂问题后都是第一时间将其开除。尽管有着极其严厉的管控措施，但仍有少数运动员铤而走险，长跑项目反兴奋剂形势的严峻性可见一斑。

启示与思考

无论是"俄勒冈计划"还是 NN 跑团，都进行着突破现有训练模式帮助运动员不断提高竞技水平的积极尝试，这种模式有其积极的一面。但是在消费主义盛行的当下，当竞技运动不再那么纯粹而是在资本运作下演变为表演式的商品时，长跑运动中的兴奋剂问题就愈加凸显。对于肯尼亚军团大范围出现兴奋剂问题，有分析认为是由于近两年比赛减少，这在很大程度上影响了以此为生的职业运动员的经济收入。"僧多粥少"的局面促使运动员在仅剩的大型比赛中铤而走险，使用兴奋剂。在生存面前，这种赌博似乎有其合理性；但从根本来讲处于舞台中央的运动员是最大受害者，长远来看更是不利于运动项目的发展。在这种背景下如何寻求鼓励运动员突破自我争创佳绩与维护长跑项目的纯洁性两者之间的平衡，是值得我们思考的问题。

第四节　举重项目违规案例

　　举重是一项历史悠久的体育运动，现代举重运动起源于 18 世纪的马戏团举重表演。19 世纪初，英国成立了举重俱乐部，一开始，人们通过将金属球掏空，并往其中添加铅块或铁块来调整重量。1910 年，德国人卡斯珀·博格（Kasper Berg）将金属球改为重量不同、可拆卸的金属片，这一调整重量的方法沿用至今。

　　第一届世界举重锦标赛于 1891 年在英国伦敦举行，男子举重早在 1896 年第一届现代奥林匹克运动会举办之时，便已成为正式项目，2000 悉尼奥运会时，女子举重正式加入奥运大家庭。

　　举重项目的最高组织机构为国际举重联合会（IWF），成立于 1905 年。它由 193 个成员国组成，是国际层面的举重项目管理组织。IWF 的职能包括在全球发展举重运动、举办各类举重赛事、开展组织间合作等，当然，它还有一项重要的任务，就是负责举重项目的反兴奋剂工作，包括开展赛内外兴奋剂检查、进行兴奋剂违规结果管理、审核批准国际级运动员的 TUE、做好运动员的反兴奋剂宣传教育等工作[26]。

　　举重作为重竞技项目，对运动员的力量与爆发力有较高的要求，因此，很多运动员为了提高成绩铤而走险使用兴奋剂，也使举重项目成为了兴奋剂问题频发的"高危项目"。在 WADA 于 2021 年 12 月发布的 2019 年兴奋

剂违规报告中，举重项目占据 2019 年度所有项目兴奋剂阳性案件数的 13%，位列第 4[27]。在举重项目中，无论是顶尖水准的奥运选手、专业运动员，还是青少年运动员、残疾人运动员，都出现过很多兴奋剂违规事件，通过下面几个案例，可以对举重项目的特殊性以及它在反兴奋剂工作方面的难度有所了解。

迪米托娃：心存侥幸，深陷泥沼 [28]

戴亚娜·迪米托娃（Dayana Dimitrova）是一名保加利亚职业举重运动员，也是一位"00"后年轻运动员，曾在 48 公斤级以及相应的年龄组别中取得过不错的成绩。不过，职业生涯充满希望的她，却因兴奋剂问题不得不咽下苦果、暂别赛场。

2017 年 3 月 20 日，保加利亚反兴奋剂机构对迪米托娃进行了一次赛外兴奋剂检查，经检测发现其样本呈呋塞米阳性，而这种物质属于《禁用清单》中 S5 利尿剂和掩蔽剂，赛内和赛外均禁用。随后，保加利亚反兴奋剂机构通过保加利亚举重协会（BWF）通知了迪米托娃她的阳性检测结果。

对此，迪米托娃声称不知道呋塞米是如何进入体内的，并表示自己从来没有控制体重的难题。随后，迪米托娃的教练伯兹达·伯兹洛夫（Bozhidar

Bozhilov）参加了迪米托娃阳性检测结果的听证会。在听证会上，伯兹洛夫声称，在迪米托娃接受这次兴奋剂检查的前几天，由于她的生理期不适，自己为她准备了熊果茶，并在其中融入了三片呋塞米药片，而迪米托娃并不知道自己喝下的熊果茶中含有呋塞米。

保加利亚奥委会纪律委员会对此作出了迪米托娃禁赛 6 个月、伯兹洛夫禁赛 4 年的处罚决定。保加利亚反兴奋剂机构不认同该判罚结果，并上诉至保加利亚体育仲裁院（BSA），但 BSA 支持了原判。

然而，本案并未就此结束。

4 月 5 日，在迪米托娃被通知 3 月 20 日的样本检测结果呈阳性前，她在泰国曼谷参加了 IWF 世界青少年锦标赛，并接受了兴奋剂检查，也被检测出呋塞米阳性。IWF 书面通知了迪米托娃阳性结果，并对她实施了临时停赛。随后，伯兹洛夫向 IWF 提交了一份声明，承认自己在未告知迪米托娃的情况下，于 4 月 1-3 日每日将一片呋塞米药片放入熊果茶中给迪米托娃饮用，以缓解她的腹痛。之后，IWF 并未就此案做出最后判罚。

2017 年 9 月 20 日，迪米托娃 6 个月禁赛期结束了，BWF 认为她可以回归比赛了。于是 BWF 选派其参加在波兰举办的 2018 年欧洲青少年和 U23 锦标赛。2018 年 10 月 20 日，迪米托娃在该赛事中接受了赛内检查，这一次她的样本中又被检测出呋塞米阳性。对此，迪米托娃致信 IWF，声称自己在职业生涯中从未使用过违禁物质，大部分时间也没有控制体重的问题，这次是由于生理期不适自行使用了呋塞米，但并没有意图使用它来提升竞技水平。

2018 年 12 月 28 日，IWF 基于迪米托娃曾于 2017 年 3 月 20 日和 4 月 5 日两次兴奋剂检测结果呈阳性，判罚其禁赛 2 年，禁赛期至 2019 年 4 月 5 日为止；迪米托娃又在 2018 年 10 月 20 日的赛内兴奋剂检查中呈阳性，且在临时停赛期间违规参赛，判罚其禁赛 8 年，禁赛期至 2026 年 10 月为止。迪米托娃不服 IWF 的判罚结果并上诉至 CAS。

在 CAS 的调查中，迪米托娃认为，自己在 2018 年 10 月 20 日所提供的样本是无效的，并提出了几点理由。首先，IWF 在 2017 年 8 月后并未对上一次阳性结果进行进一步判罚，因此迪米托娃认为自己有资格参加 2018 年欧洲青少年和 U23 锦标赛，并且 BWF 将她列进了参赛名单。其次，该项赛事是 IWF 举办的赛事，因此 IWF 有责任仔细审查每一位参赛者的资格，而 IWF 并没有拒绝自己参赛。此外，迪米托娃声称自己在临时停赛期间不应该受到兴奋剂检查。

而 IWF 表示，首先迪米托娃因 2017 年 4 月 5 日的兴奋剂违规被临时停赛，因此没有参加 2018 年欧洲青少年和 U23 锦标赛的资格。其次，IWF 对临时停赛的运动员也能实施兴奋剂检查，同时呋塞米在赛内外均禁用，因此这份样本呈阳性的事实是不会改变的。再次，迪米托娃曾因服用呋塞米导致两次兴奋剂阳性结果，且被禁赛过，她应该很清楚这种物质是禁用的，也应该明白如果检测结果再次呈阳性她将面临处罚。

最终 CAS 支持了 IWF 的主张。由于迪米托娃是在 2017 年 4 月 5 日接受兴奋剂检查之后被通知 3 月 20 日的样本为阳性，这两次阳性合并为一次兴奋剂违规。因此，迪米托娃在 2018 年 10 月 20 日的兴奋剂违规被视作第二次违规，判罚其禁赛 8 年。

由于心存侥幸，迪米托娃在兴奋剂问题上一错再错，越走越远。前两次被检出呋塞米阳性，她的教练为她承担了大部分的责任，但禁赛 6 个月和临时停赛的处罚并没有使她对自己犯下的错误形成足够的认知，第三次因为同一种禁用物质又被检出阳性。迪米托娃在临时停赛期间仍心存侥幸，认为只要获得 BWF 的许可，并且 IWF 没有阻止参赛，自己就能免责。然而运动员需要为自己的行为负责，不能把降低兴奋剂违规风险的义务交到别人手中。

甘亨：大好前程，毁于阳性[29]

苏帕查宁·甘亨（Supatchanin Khamhaeng）是一名泰国青少年举重运动员。2018 年 10 月 13 日，她在布宜诺斯艾利斯青奥会上获得了女子 63 公斤级的金牌[30]。赛后甘亨接受了兴奋剂检查，检测结果呈蛋白同化制剂阳性。

随后，国际检查机构（ITA）通知了甘亨她的阳性检测结果，并告知了泰国奥委会。几天后，甘亨接受了阳性结果，并放弃开启 B 瓶和索取实验室文件，随即她被 IWF 临时停赛。同时，甘亨也签署了书面同意书，放弃召开听证会和进行书面答辩的权利，并接受相应的处罚。最终，甘亨在 2018 年青奥会上取得的金牌被没收，同时她所获得的积分被撤销，奖金被收回。

甘亨作为一名职业生涯刚刚起步的青少年运动员，在获得青奥会冠军之时，也亲手为自己的名誉蒙上了一层阴影。如果一位运动员在青少年时期没能在反兴奋剂方面树立正确的观念，在未来的道路上会迷失方向；引导青少年远离兴奋剂，针对他们开展更多更广的反兴奋剂教育，不仅能保护运动员，也能共同捍卫运动项目的竞赛环境和未来发展。

卢卡宁：不会"缺席"的处罚 [31]

瓦斯拉夫·卢卡宁（Vladislav Lukanin）是一位俄罗斯举重运动员。2003年11月14-22日，世界举重锦标赛在加拿大温哥华举办，卢卡宁也前往参赛并接受了赛内兴奋剂检查，他的样本被检测出人生长激素（hGH）阳性，这种物质属于《禁用清单》中S2肽类激素、生长因子、相关物质和模拟物，赛内外均禁用。因此，根据IWF的反兴奋剂政策（IWF ADP），卢卡宁被禁赛2年，禁赛期至2005年11月16日。

禁赛期满后，卢卡宁重返赛场。2011年，其参加了在俄罗斯喀山举办的欧洲举重锦标赛，并于4月13日接受了赛内兴奋剂检查。在此次检查中他的样本呈氧雄龙的两种代谢物阳性，A瓶和B瓶的检测结果皆是如此。氧雄龙是一种外源性的物质，这种物质属于《禁用清单》中S1蛋白同化制剂，赛内外均禁用。卢卡宁于5月13日起被临时停赛。

2011年11月7日，IWF反兴奋剂听证小组（IWF DHP）在法国巴黎举行了一场听证会，对卢卡宁的兴奋剂违规行为作出了禁赛4年的处罚。值得注意的是，这一处罚是在2009年版IWF ADP中，对于第一次兴奋剂违规行为的"标准处罚"。这4年的禁赛期从2011年5月13日，即卢卡宁的临时停赛之日起算。在听证会进行过程中，IWF DHP并未被告知卢卡宁在2003年曾有过一次兴奋剂违规行为。

听证会上，卢卡宁将自己的阳性检测结果归咎于服用一种网上购买的名为"超级氨基酸2222"的胶囊，这种胶囊在健身人士和举重运动员中颇受欢迎。卢卡宁在使用这种胶囊前，并没有向他的教练、医生或是任何专业人士进行咨询或者获取建议。在对此种胶囊进行检测后，确证了这种胶囊含有卢卡宁样本中发现的禁用物质，不过这也不能改变他被禁赛的事实。

2012年9月，IWF ADP进行了修订，兴奋剂检测结果呈阳性的"标准处罚"从原先的4年减为2年。因此卢卡宁的禁赛期结束之日由原先的2015年5月13日变为2013年5月13日。

2014年8月，WADA收到了来自IWF的邮件，其中包含了IWF于2011年对于卢卡宁的处罚决定，即对其禁赛4年，以及2012年作出的减免禁赛期的决定的文件。WADA不认同上述处罚决定并上诉至CAS。

WADA表示，卢卡宁对于自己在2011年提供的样本中检测出的禁用物质并无异议，并且他也未获批TUE。因此，卢卡宁在2009年版IWF ADP下构成的兴奋剂违规行为成立，而他对自己于2011年被判罚的禁赛4年也没有异议。然而，在2009年版IWF ADP中，禁赛4年是对于第一次兴奋剂违规的处罚，IWF DHP错误地以为卢卡宁之前未曾有过兴奋剂违规，所以给予了他如上处罚，但事实上，卢卡宁在2003年就已经被禁赛过2年。因此，卢卡宁构成了第二次兴奋剂违规，应当被判罚8年至终身禁赛。

CAS支持了WADA的主张，卢卡宁被判罚禁赛8年，他的禁赛期从2011年5月13日起算，此外，他在2013年5月13日，即第二次禁赛期结束后所获得的成绩被取消，所有奖牌被没收，积分被撤销，奖金被收回。

本案中，卢卡宁在经历了第一次禁赛后，仍未能对兴奋剂违规提高警惕。作为专业运动员，他应该清楚地认识到营养品受违禁物质污染的风险性，哪怕是同行们都在使用，也不能成为自己使用它的理由。尽管在IWF先前的判罚减免下，卢卡宁得以提早返回赛场，但由于他是第二次兴奋剂违规，最终依然被CAS施以禁赛8年的处罚，不应属于他的荣誉也被归还给应得的人。

"箭头行动"：一桩连根拔起的大案

2022 年 6 月，ITA 在经过一系列针对 IWF 官员不当行为的调查后，宣布 IWF 前主席塔玛斯·阿贾恩（Tamas Ajan）和 IWF 前副主席尼库·瓦拉德（Nicu Vlad）曾掩盖某些运动员的兴奋剂违规行为、推迟和阻碍兴奋剂违规结果管理流程，二人均被判罚终身禁赛[32]。

阿贾恩是匈牙利人，在事发前他已经担任 IWF 主席长达 20 年，在那之前还担任了 24 年 IWF 秘书长。作为一名体育领域的著名领导者，阿贾恩还在 2000-2010 年作为 IOC 的成员，参与了选择奥运会举办城市等重要工作[33]，可以说阿贾恩对国际体坛有着极大的影响。

2020-2021 年，多个渠道将 IWF 在反兴奋剂工作上的不当行为进行了披露，德国广播公司 ARD 率先播放了一部名为《举重之主》（*The Lord of the Lifters*）的纪录片[32, 34]，揭露了 IWF 的领导层，特别是阿贾恩接受来自使用兴奋剂运动员的行贿，并包庇他们，包括篡改兴奋剂管制环节和替换尿样。

2017 年，WADA 情报与调查部门发起了名为"箭头行动"的调查，揭露了举重项目中运动员替换尿样和冒名顶替的行为[34]，同时 ITA 也开展了对 IWF 和举重项目违规的一系列调查。

在对举重项目中出现的替换尿样情况进行调查时，"箭头行动"审查了 WADA 的 ADAMS 系统数据库，他们对于被报告为阴性的样本更感兴趣。根据 WADA《实验室国际标准》（ISL）和《隐私和个人信息保护国际标准》（ISPPI），

检测结果为阴性的样本以及能够识别出收样流程中涉及的 DCO 信息的兴奋剂检查记录单（DCF）都有保存时限，"超时的"样本和 DCF 可能已被销毁，这为"箭头行动"带来了不小的困难，因为大部分最为可疑的样本以及相关的 DCF 已被销毁。

"箭头行动"在进行可疑样本筛选时，将检测结果为阴性而不久又被检测出了阳性的运动员划为重点。而调查遇到了重重困难，涉及 130 名运动员的 132 个样本被怀疑曾遭到替换，而这些样本中，只有涉及 30 名运动员的 31 个样本还分别存放在 23 个不同的实验室中，其余的样本已经被实验室根据 ISL 在达到保存时限后逐步销毁。在经过更大范围的考量和对样本筛选标准进行更新后，最终，"箭头行动"对涉及 39 名运动员的 53 个样本进行了尿样替换的识别和调查。在这 53 个样本中，11 个样本确认经过替换，15 个样本"非常可能"经过替换，剩下的 27 个样本未经替换。调查结束后，"箭头行动"将所有被复检出以及被怀疑为替换尿样的案件都移交给 IWF 进行结果管理。"箭头行动"也对除运动员本人外，参与到尿样替换流程的人员进行了调查，确认了多位 DCO、教练、队医和官员参与其中。同时，经过 ITA 的调查，IWF 及其下属成员协会的部分官员参与了上述的案件，并在其中犯下了共谋、篡改兴奋剂管制环节等兴奋剂违规行为。

"箭头行动"及其调查结果在举重项目和体育界引起了轩然大波，在调查中被发现违规并被施以禁赛和取消成绩的运动员颇多。

拉希莫夫：由"箭头行动"调查出的违规 [35]

哈萨克斯坦举重运动员尼加特·拉希莫夫（Nijat Rahimov）曾在男子举重 77 公斤级比赛中取得佳绩。在 2016 里约奥运会上，拉希莫夫夺得金牌并打破了世界纪录，不过几年后，他在里约奥运会上取得的荣誉被取消。

2020 年下半年，WADA 发布了关于 IWF 的调查报告后，ITA 也收到了 WADA 提供的卷宗，也就是"箭头行动"的相关资料。在对资料进行分析后，

ITA 宣布拉希莫夫因替换尿样构成了使用或企图使用某种禁用物质或禁用方法的兴奋剂违规，而他的尿样替换行为多次出现在 2016 年备战里约奥运会期间。拉希莫夫随即被临时停赛，本案也被移交至国际体育仲裁法庭反兴奋剂庭（CAS ADD）进行审理。

CAS ADD 对多方的书面材料和证据进行了考量，支持拉希莫夫的行为构成使用禁用方法这一违规行为的指控。由于拉希莫夫曾在 2013 年兴奋剂检查中呈蛋白同化制剂阳性而被禁赛 2 年，所以这是他的第二次违规，因而被判罚禁赛 8 年。从 2016 年 3 月 15 日，也就是他第一次替换尿样之日起直至他的临时停赛之日，所获得的所有成绩被取消，其中包括他在 2016 里约奥运会上取得的金牌。

本案中，拉希莫夫的兴奋剂违规行为是在多年后经调查被发现的，也是由"箭头行动"引出的案件之一。尽管拉希莫夫的违规行为发生在多年前，但他依然在多年后得到了应得的判罚，不知在这中间的几年里，他是否曾为真相将大白于天下而心怀忐忑？

拉基廷和玛芬案：功亏一篑的坚持 [36]

瓦丁·拉基廷（Vadim Rakitin）和尼克莱·玛芬（Nikolai Marfin）是两名俄罗斯残疾人举重运动员，在 2012 伦敦残奥会前，他们接受了一次赛外兴奋剂检查，二人均被检测出生长激素（GH）阳性 [37]，而生长激素属于《禁用清单》中 S2 肽类激素、生长因子、相关物质和模拟物，赛内外均禁用。随着二人的兴奋剂阳性结果的公布，他们的残奥会参赛资格也被取消，并且均被禁赛 2 年。

俄罗斯残奥委会在俄罗斯媒体发布的声明中表示："瓦丁·拉基廷和尼克莱·玛芬真诚地检讨了自己的不当行为，尽管如此，这个不当行为还是破坏了俄罗斯残奥运动员的形象，并使他们失去参赛资格。两名运动员表示使用该违禁药品是为了减轻疼痛，他们练习残疾人举重已经有 12 年了，由于这个项目的特殊性，他们的手臂韧带经常出现疼痛，在过去的几年中，他们一直在寻求医疗救治，但都没有达到他们的预期，因此他们尝试自行解决这个问题。他们从网络上获取信息并购买了药品，但没有告知他们的教练、医生或田径协会的有关人士。"

本案中两名残疾人举重运动员曾不惧身体的缺陷，努力拼搏与尝试，在自己所在的级别达到了顶尖的水平，然而他们的意志也许就是在这长年累月的伤病中逐渐磨损殆尽，如愿得到参加残奥会的机会，却最终功亏一篑。如何坚持科学训练和安全用药，拒绝禁用物质不动摇，这需要运动员和辅助人员的共同努力。

启示与思考

举重项目的特点很好地诠释了奥林匹克格言中"更强"这一奥义，但在追求突破自我，比对手更强的道路上，部分运动员被兴奋剂问题困住了手脚，迷失了方向。多年来，关于举重运动是否对运动员的身心造成了负面影响的话题一直被广为讨论。在 2022 年 2 月举行的 IOC 第 139 次会议上，初步确定了 2028 洛杉矶奥运会的 28 个项目，举重并不在列，而 IOC 执委会将在 2023 年最终确定比赛项目、参赛名额和比赛形式[38]。举重在加入现代奥林匹克大家庭一百余年后，面临着被取消的危机，这项运动在未来该如何更好地发展、更妥善地解决兴奋剂问题、更有力地保护运动员的身心健康已经成为迫在眉睫的难题，也是值得包括举重项目在内的所有体育运动参与者共同探讨的议题。

第五节　网球项目违规案例

网球运动最早于 12-13 世纪在法国兴起，后传入英国，成为英国贵族们参与的热门运动项目，而后盛行于世。网球运动也因其高雅、动作优美、观赏性强等特点被列为四大贵族运动（网球、保龄球、高尔夫、斯诺克）之首。

作为世界上最流行的运动项目之一，网球在欧美的普及率相当高，是仅次于足球的世界第二大球类运动项目。人们很难将这样一项"文明""优雅"的"贵族运动"与兴奋剂联系到一起，而传统认知中也普遍将这一项目列为低危项目，是一项干净的运动。然而事实真的如此么？非也！国际网坛的兴奋剂检查开始于 20 世纪 90 年代初，尽管不像游泳、马拉松、自行车、举重等项目存在着较高的兴奋剂风险，但是出现了很多偶发性事件，且近年来出现频次有所增高，应引起警醒。

高水平的网球运动员每年都能够参加数十场比赛，著名网球运动员费德勒在其 24 年职业生涯中参加了超过 1500 场的比赛。而一场比赛的比赛时间持续 2~3 小时是非常普遍的，2010 年温网的一场比赛，比赛用时达到了惊人的 11 小时 5 分钟，同时网球项目对击球力量以及跑动要求极高，这就对运动员的体能储备和能力恢复提出了更高的要求。近年来，各类网球赛事奖金金额不断提高，水涨船高的赛事奖金吸引运动员积极参赛。高体能要求和丰厚的奖金收入使一些运动员铤而走险打起了使用兴奋剂的主意；另外，高频次的参赛时常让运动员有很大的心理压力，一些运动员会选择饮酒甚至吸毒等生活方式来舒缓压力，但这也带来了兴奋剂违规的风险。

安德烈·阿加西：浪子回头演绎王者归来 [39-40]

安德烈·阿加西（Andre Agassi）是美国著名网球运动员，从小便展现出极佳的网球天赋，12 岁时获得了全美少年比赛的双打冠军。1986 年，16 岁的阿加西转入职业网坛。两年后，仅参加了 43 场巡回赛的他就成为了当时历史上奖金突破百万美元大关最快的选手，当年年末阿加西的世界排名就位列第三。1992 年阿加西收获了自己的首个大满贯冠军（温网），1995 年成为职业网球联合会（ATP）世界排名第一的运动员。阿加西是网球历史上最成功的同时也是最受欢迎的球员之一，享有极高的声誉，他在 2006 年退役前一共赢得了 8 座大满贯奖杯。

1997 年如日中天的阿加西来到了职业生涯的低谷。由于手腕伤势严重，那一年他只参加了 24 场比赛，在很多比赛中在第一轮就输掉了比赛，他的婚姻生活也并不如意，伤病加之婚姻的失败让这位网球明星的排名一度跌落至第 141 位。

　　也就是在那个时期阿加西接触到了毒品，他开始吸食甲基苯丙胺（《禁用清单》中属于 S6 刺激剂，赛内禁用）。而在 1997 年 ATP 的一次兴奋剂检查中，阿加西出现了阳性结果。服用违禁药物可能面临 3 个月的禁赛。禁赛对阿加西将是一次严重的打击，他的职业生涯有可能就此结束。于是阿加西给 ATP 写了一封信为自己辩解。他在信里谎称自己的助手斯莱姆是一名瘾君子，他经常将冰毒放在苏打水中吸食，自己是意外误服了斯莱姆的苏打水而导致阳性的，并不是自己主观故意使用违禁物质，恳求原谅并希望可以得到 ATP 宽大处理。而 ATP 最终选择相信阿加西，并免除了对他的处罚。这一次的谎言却在 12 年后（2009 年）阿加西的自传 *Open* 中被揭开。书中阿加西这样描述了当时的感受"我当时有点后悔，随后又感觉特别悲痛，但接着就好像有一场巨大的欢乐海啸卷走了我所有消极的情绪，我从来没有那样的感觉，感觉自己充满了能量。"书中阿加西也描述了在吸食毒品后的自责与矛盾心理："除了那种飘飘然的兴奋感，伤害自己和缩短自己职业生涯带给我一种无懈可击的满足感，但冰毒在我身体上造成的后果是可怕的。在连续兴奋不睡的两天过后，我觉得自己好像一个外星人。我厚颜无耻地问自己，怎么会变得这样不堪。我是一个运动员，我的身体不该是这样的。"

　　阿加西还在书中写道他后来是如何"骗"过 ATP 官员的："他的声音就像是我的厄运一般，仿佛告诉我完蛋了。网球项目中吸食像冰毒这样的禁药，可能最少被处以 3 个月禁赛。我的荣誉、

我的职业生涯现在都处在千钧一发之际，无论我曾经取得怎样的成绩，无论我怎么努力，或许以后都没有意义了，我于是写了一封信，里面既有事实又有谎言，我告诉他们，都是斯莱姆，他一直以来就是个吸毒者，他经常在苏打水里放入冰毒，而我有一次不小心喝了他的水，所以不幸间接服毒，而现在我已经把他解雇了。我希望得到 ATP 的理解和宽容。写完这些后我感觉很羞愧，当然我告诉自己这个谎言将到此为止。"

在阿加西曝光自己欺骗 ATP 的事情之后，WADA 主席约翰·费伊（John Fahey）要求 ATP 方面要尽快向 WADA 对此事作出合理的解释。而媒体对于 ATP 的质疑更加严厉，不少人认为，正是 ATP 的姑息才让兴奋剂事件在网坛屡禁不止。ATP 的反兴奋剂工作面临前所未有的压力。

就阿加西个人而言，他并没有就此沉沦下去，他很快戒毒成功并在 1998 年上演了王者归来，当年年末的世界排名直升至第六位。在不到两年的时间里重新夺得了大满贯冠军，还在 1999 年法网夺冠后与网坛"女皇"格拉芙坠入爱河，并于 2001 年正式步入婚姻殿堂。阿加西也从一个叛逆青年成长为一个沉稳的王者，阿加西在职业网坛书写了一段跨世纪的传奇生涯。

理查德·加斯奎特的"死亡之吻" [41]

1986 年出生的理查德·加斯奎特（Richard Gasquet）是法国著名网球运动员，加斯奎特年少成名，4 岁开始练习网球，9 岁时登上法国网球杂志封面，12 岁获得欧洲最高级别 U14 比赛冠军。2002 年，加斯奎特一举夺得法网青少年组和美网青少年组男子单打冠军，成为青少年世界排名第一，并成为青少年组年终世界第一。16 岁成为跻身年终排名 TOP100 的史上最年轻选手。2007 年，21 岁的加斯奎特到达了职业生涯的顶点：温网四强、世界排名第七。

2009 年 5 月 10 日出版的法国《队报》全球首家发布了加斯奎特尿检可卡因阳性的新闻，据悉这是加斯奎特在 3 月 28 日迈阿密大师赛期间接受的检查。随后加斯奎特本人承认了这一消息，但这位法国名将否认自己服用过任何违禁药物。加斯奎特一直被球迷亲切地称为"豆腐"，这位天才外表柔弱，性格温和。但现在，连纯净的"豆腐"都被可卡因疑云笼罩着，令人唏嘘。法国网协主管吉尔伯特透露，由于加斯奎特被查出比赛期间服用毒品，情节尤为严重，一经证实就将被处以 2 年禁赛。

在接下来国际网球联合会（ITF）的调查中，加斯奎特声称药检呈阳性的尿样是在他前往迈阿密准备参加索爱公开赛期间采集的。他当晚和一个朋友去了一家夜店，那是一家因磕药吸毒而声名狼藉的夜店。加斯奎特表示那天他亲吻了一个姑娘，但只记得她叫"帕梅拉"。ITF 给予加斯奎特临时禁赛处罚，经过了多次听证之后，陪审团相信了加斯奎特的解释，独立仲裁法庭决定给予他 2 个月 15 天禁赛的判罚。而 WADA 和 ITF 对此结果并不满意，他们联合向 CAS 提出上诉要求追加加斯奎特 2 年禁赛期。

CAS 听取了加斯奎特关于在夜店亲吻陌生女子而染毒的证词。由三名律师组成的 CAS 陪审团认为加斯奎特尿样中的可卡因含量微乎其微，甚至可以忽略不计，而且事实证明他本身也不是可卡因惯用者。2009 年 12 月 18 日，CAS 做出了对加斯奎特涉药事件的最终判决，驳回 WADA 和 ITF 共同上诉的要求，维持原判。加斯奎特得以避免更严厉的处罚。

尽管本案中 CAS 最终没有判罚追加处罚，但是需要清醒地认识到，加斯奎特放松了警惕心而误沾染了违禁物质导致了此次违规。自律应该是每位运动员都具备的基本素质，应该时刻体现在训练比赛、休息、日常饮食等每一个环节中。

"瑞士公主"辛吉斯职业生涯跌宕起伏[39, 42]

玛蒂娜·辛吉斯（Martina Hingis）1980 年 9 月 30 日生于捷克斯洛伐克，后随母亲移居瑞士。父母都曾经是网球运动员，她继承了父母的网球运动基因。辛吉斯从 2 岁起开始学习网球，4 岁的时候就参加了正式比赛，16 岁便拿下职业生涯第一个大满贯头衔，成为史上最年轻的大满贯球员。

有着"瑞士公主"之称的辛吉斯整个职业生涯可谓是跌宕起伏，她先后经历了三次退役两度复出。2002 年 10 月，因为严重的踝关节伤势，辛吉斯宣布退役。2006 年，辛吉斯伤愈复出，之后便在澳网夺得混双冠军，同时获得了三个巡回赛的女单冠军。2007 年因禁药风波再次退役，2013 年再次复出。

2007 年辛吉斯第二次宣布退役的时候，被牵涉进充满争议的禁药事件——她在温网期间的可卡因药检呈阳性，对此辛吉斯坚称自己清白。尽管人们也愿意相信她的清白，可她在受到这样毁灭性的指控后很难再有足够的动力和专注力去继续网球事业，同时折磨她许久的伤病让她不得不选择了离开。

"我依然想知道到底发生了什么，可卡因是怎样进入我的尿样的。我觉得非常无辜却无法证明自己的清白。"辛吉斯回忆起当初的无奈，内心依然挣扎。让辛吉斯难过的是，她的名誉已被玷污，而且没有证据佐证自己的清白，最后她选择放弃官司。因为上诉失败，她将被禁赛至 2009 年 10 月，而那时候她已年近 30 岁，"我无法说服自己在那个年龄第三次复出。我觉得我不可能赢得官司。"在案件的上诉中辛吉斯否认服用过任何违禁物质，同时就样本收集、储存、转运发送、实验室分析等程序提出七项质疑。根据多方举证，法庭认定辛吉斯的尿样是按流程被妥善保存的，并且其完整性和安全性都是有保证的，样品采集后每次转移都有相应记录。针对球员的七项质疑，法庭最终认定只有一次轻微地偏离《检查国际标准》（ISTI），但法庭认为这对检测结果不构成影响。而检测实验室被认为已经根据《实验室国际标准》进行了样品分析和保管程序，不存在过失行为。最终 ITF 认定辛吉斯有罪，判罚禁赛 2 年，这在当时被认为已经结束了她的职业生涯，直到她第三次复出。

2013 年 33 岁的辛吉斯痛定思痛，再度回归，这个年龄复出充满了未知和挑战，最终辛吉斯用成绩回应了所有的争议和质疑。辛吉斯这一阶段职业生涯的高光点聚集在双打赛场上，女双赛场的四座大满贯冠军奖杯以及六座混双奖杯都是她超凡网球实力的佐证。2017 年 37 岁的辛吉斯从双打世界排名第一的宝座上退役。试想，如果没有当年那次兴奋剂违规事件引发的退役，或许当时在单打赛场如日中天的辛吉斯可以取得更大的成就，毕竟对于一名运动员而言 6 年时光在职业生涯中是无比宝贵的。

莎拉波娃："一封没有点开的邮件"引发的案件[43]

2016 年 3 月 8 日凌晨，俄罗斯美少女莎拉波娃在洛杉矶召开新闻发布会宣布自己澳网尿检阳性，她被检测出美度铵（meldonium，又称米屈肼）阳性。她从 2006 年起开始服用含有美度铵成分的药物，用于治疗镁缺乏和家族遗传的高血糖等病症。

莎拉波娃的禁药风波持续近四个月后，ITF 公布了初步的处罚结果：莎拉波娃被处以禁赛 2 年，并取消其 2016 年澳网的成绩、收回奖金和撤销积分。处罚结果公布后，莎拉波娃表示将提出上诉。

最终 CAS 宣布莎拉波娃禁赛期由原来的 2 年缩短为 15 个月。CAS 裁定缩减禁赛期有几项重要理由：首先，她在以往的兴奋剂检查中均未出现过问题，她对于反兴奋剂的态度是谨慎的；其次，她已服用了十多年的美度铵，拥有翔实的病情记录予以证明；再次，她曾向开出该药物的俄罗斯医生咨询其是否有增强体能的效果，得到的答复是否定的；最后，ITF关于禁药名单变化的特定警告并未尽到提醒的职责。基于以上几点，CAS认定莎拉波娃案件属于意外事件而并非故意服用禁药，故而裁定减轻对其处罚。但是需要指出的是莎拉波娃在这一事件中是存在重大过失的，应对此负有全部责任。

很多球迷替莎拉波娃喊冤，这个药她已经服用了10年。事实上，美度铵最初不在被禁之列，直到2016年1月1日开始被列入《禁用清单》。莎拉波娃也承认，事情源于自己的粗心：2015年12月，她收到过WADA发来的邮件，里面有最新的禁药名单，但遗憾的是，她并没有点开也没有仔细阅读其内容。

这个细小的"疏忽"最终导致了之后不可挽回的后果。莎拉波娃的职业生涯不但受到严重影响，其声誉也大打折扣。莎拉波娃曾经被美国著名媒体《体育画报》选为世界上"最美丽运动员"，是一位百年不遇的颜值和实力俱佳的网球运动员，但是禁药风波后莎拉波娃的人气急转直下，在2017年4月解禁复出后在赛场上也再无建树，最终在2020年2月26日，莎拉波娃通过社交媒体宣布退役。

启示与思考

鲜活的案例提示我们尽管网球项目不像田径、游泳、自行车等项目那样"高危"，但网球圈也不再是"一方净土"。随着近年来一系列违规事件的曝光，多名知名球星卷入禁药风波，让人们的"网球是一项干净的运动"的认知发生动摇，网球的公信力也呈下降趋势。高体能要求、高参赛频次、高奖金诱惑以及不够自律的私生活，都增加了球员兴奋剂违规的风险。网球项目的反兴奋剂工作必然是长期而艰巨的。另外，广大网球运动参与者应警惕兴奋剂、远离兴奋剂、拒绝兴奋剂，共同维护好公平竞赛环境，还网球赛场以"干净"本色。

第六节　BALCO 实验室案

旧金山海湾协作实验室（BALCO）曾经是旧金山湾区的一家专为职业运动员提供运动营养补充剂的企业，但现在，BALCO 这个名字已经臭名昭著，它让体育界感到羞耻，只要和 BALCO 有关，就意味着丑闻，BALCO 实验室案是一场涉及职业运动员使用违禁药物的丑闻。

BALCO 的历史[44]

美国加利福尼亚州旧金山市伯林盖姆区郊外的工业园里，几栋很不起眼的建筑物耸立在林荫中，这就是 BALCO 的所在地。BALCO 成立于 1984 年，由维克多·康特（Victor Conte）和他的第一任妻子奥布里（Aubry）创立，前身是位于美国加利福尼亚州密尔布瑞的一家维生素商店密尔布瑞综合公司（Millbrae Holistic）。起初，康特创办这家公司是为了养家糊口，但开业仅一年后，他就关闭了密尔布瑞综合公司，在邻近的旧金山市伯林盖姆区创办了运动营养补充剂公司 BALCO，其主要营业项目是为运动员提供促进运动成绩提高的"营养品"。康特投资了一台 ICP 光谱仪，设计了一套运动员体内矿物质含量检测系统，通过对运动员进行定期尿检和血检，监测他们体内的矿物质含量，并补充"营养补剂"，他宣称这将极大地提高运动员的身体健康水平。从 1996 年夏天起，康特开始用由伊利诺伊州的化学家帕特里克·阿诺德（Patrick Arnold）研制的"无法被检测的药物"吸引越来越多的知名运动员。

BALCO案相关人物介绍[45]

维克多·康特（Victor Conte）：BALCO 的创始人。

詹姆斯·瓦伦特（James Valente）：BALCO 的前副总裁。

帕特里克·阿诺德 (Patrick Arnold)：化学家，BALCO 实验室"运动营养补剂"研制者。

唐·卡特林（Don Catlin）：加州大学洛杉矶分校奥林匹克分析实验室的创始人和当时的主任，他和他的科学家团队开发了一种对新型类固醇 THG 的检测方法。

斯坦·康特（Stan Conte，与维克多·康特没有关系）：旧金山巨人队前教练。

凯莉·怀特（Kelli White）：美国田径运动员，有美国"二号女飞人"之称。

蒂姆·蒙哥马利（Tim Montgomery）：美国短跑运动员，马里昂·琼斯前男友，2002 年 9 月 14 日在巴黎国际田联大奖赛的男子 100 米中跑出了 9

秒 78 的成绩，打破了当时的世界纪录。

马里昂·琼斯（Marion Jones）：美国短跑名将，多次获得奥运冠军和世界冠军。

C. J. 亨特（C. J. Hunter）：铅球运动员、世界冠军、北卡罗来纳大学教练，与马里昂·琼斯于 1998 年结婚，后于 2002 年离婚。

其他相关田径明星：米歇尔·柯林斯（Michelle Collins）、贾斯汀·加特林（Justin Gatlin）、克里斯特·盖恩斯（Chryste Gaines）、阿尔文·哈里森（Alvin Harrison）。

特雷弗·格雷厄姆（Trevor Graham）：蒙哥马利、加特林和琼斯的前教练。

雷米·科尔切姆尼（Remi Korchemny）：另一位田径教练，他的客户包括盖恩斯、怀特和英国田径明星德怀特·钱伯斯（Dwight Chambers）。

巴里·邦兹（Barry Bonds）：旧金山巨人队的棒球运动员，美国职业棒球大联盟（MLB）单赛季和职业生涯本垒打纪录的保持者。

格雷格·安德森（Greg Anderson）：邦兹的私人教练。

杰森·吉安比（Jason Giambi）：MLB 球队纽约洋基的球星。

比尔·罗曼诺夫斯基（Bill Romanowski）：美国职业橄榄球大联盟（NFL）后卫，四届超级碗冠军。

电话引爆内幕 [44-45]

如果不是因为一个匿名的电话，BALCO 实验室仍将静静地藏在旧金山的郊外……

BALCO 成立之后，帕特里克·阿诺德研制了各种各样的违禁物质，包括 EPO、人生长激素（hGH）、莫达非尼、睾酮激素霜（"The Cream"）和合成代谢类固醇四氢孕酮（THG，或称"The Clear"）等药物，这些药物的"神奇"之处在于即使是在奥运会级别的比赛上，在一个代谢周期中使用，这些药物也无法在兴奋剂检查中被发现。从 1988 年到 2002 年，维克多·康特、帕特里克·阿诺德和格雷格·安德森持续销售这些违禁药物。直到 2002 年 8 月，旧金山巨人队（San Francisco Giants）前教练斯坦·康特向旧金山缉毒局（DEA）的一名官员透露私人教练格雷格·安德森向巨人队球员分发类固醇。而同时USADA 也收到"巨人队的队员正在使用非法药物"的消息。于是，美国联邦政府联合 USADA 开始对 BALCO 进行官方调查。

对 BALCO 的调查一直在持续进行中，2003 年夏天，USADA 突然接到一个匿名举报电话，一名自称是"高水平教练"的举报人称：位于加利福尼亚州 BALCO 实验室的"专家"已经精心研制出一种新型特制类固醇产品，而这种产品正在一些高水平的运动员中流行。随后，举报人还向USADA 寄去了一支含有这种特制类固醇样品的注射器，就是这支注射器成了对 BALCO 实验室进行全面调查的催化剂。后来证实匿名告密者正是马里昂·琼斯和蒂姆·蒙哥马利的短跑教练特雷弗·格雷厄姆。这支含有新型类固醇 THG 的注射器随后被转交给了医学博士唐·卡特林，他和他的科学家团队从而研发了一种对THG 的检测方法。他检测了 550 份来自现役运动员的样本，其中有 20 个样本 THG 呈阳性。

2003 年 9 月 3 日清晨，20 多名联邦调查局和国税局官员突击检查了位于美国加利福尼亚州旧金山的 BALCO 实验室。同年 11 月，美国大陪审团开始传讯涉嫌 BALCO 事件的有关运动员，田径明星蒂姆·蒙哥马利、克里斯特·盖恩斯和 C. J. 亨特，以及美国棒球运动员巴里·邦兹、杰森·吉安比等都相继

出庭作证。正是因为这些运动员们在大陪审团面前的证词加上联邦调查局突击搜查 BALCO 实验室获得的一系列证据，2004 年 2 月中旬，调查 BALCO 丑闻的大陪审团正式起诉维克多·康特、詹姆斯·瓦伦特、格雷格·安德森和雷米·科尔切姆尼四人共 42 项罪名，罪名涉及分销各类兴奋剂以及洗钱等。

2004 年 4 月 27 日，在铁证面前，BALCO 实验室老板康特最终向联邦调查局招供：琼斯及蒙哥马利等 9 名世界冠军都曾购买过禁药"The Clear"（THG）。经过美国反兴奋剂专家确认，在 BALCO 实验室 1999 年研发的营养品 ZMA 中发现了这种新型合成代谢类固醇 THG。ZMA 中的新型类固醇 THG 是 BALCO 销售的主要类固醇，是专门为了在当时的兴奋剂检查中无法被检测出来这一目的而开发研制的。除此之外，康特还送给联邦政府一份"大礼"，他详细列出了曾在 BALCO 实验室购买过"The Clear"(THG) 产品的 27 名体育明星名单。就这样，BALCO 丑闻终于展现在世人面前。

凯莉·怀特：首个认罪的田径赛场"清洁工"[45]

2004 年 5 月 19 日，由于从康特处购买违禁药物时留下了电子邮件、信件和支票收据等证据，康特招供的 27 人名单中有着美国"二号女飞人"之称的凯莉·怀特第一个认了罪。面对罪证，这位美国短跑巨匠主动承认自己服用了 BALCO 实验室提供的新型类固醇 THG，这无疑给因兴奋剂而风雨飘摇的国际田坛带来了更强烈的震撼。作为 2003 年巴黎田径世锦赛 100 米和 200 米两枚金牌得主，她为自己的行为承担了责任，通过同意与 USADA 合作，怀特得以将自

己的禁赛期缩短至 2 年。

　　怀特声称要与兴奋剂斗争到底，要帮助 USADA "清洁" 田径赛场，所以她主动向 USADA 提供了牵连米歇尔·柯林斯、蒂姆·蒙哥马利等运动员的罪证，使 BALCO 事件有了新的突破。2004 年 5 月 25 日，USADA 作出惊人决定：只要有充分的证据证明运动员与 BALCO 实验室有关联，无论其尿检结果如何，都将受到禁赛的处罚。

米歇尔·柯林斯："非辨认性阳性"第一人[45]

　　2003 年 9 月，联邦调查局对 BALCO 实验室最初突击搜查中缴获的材料证据里包括康特和米歇尔·柯林斯之间的电子邮件副本，这位田径明星在邮件中亲口承认自己使用了 BALCO 实验室的违禁药物，加上此前凯莉·怀特在 USADA 面前指证柯林斯与 BALCO 实验室有关联的证词，尽管柯林斯从未在比赛内外的兴奋剂检查中"失败"过，但 2004 年 12 月，仲裁小组还是判其禁赛 4 年。这是基于反兴奋剂执法中一个被称为"非辨认性阳性"（nonanalytical positive，即无阳性检测尿样的情况下，仅凭证据可以对违规运动员实施禁赛）的新概念。"非辨认性阳性"是一组间接证据，仲裁小组认为这些间接证据有足够的说服力，

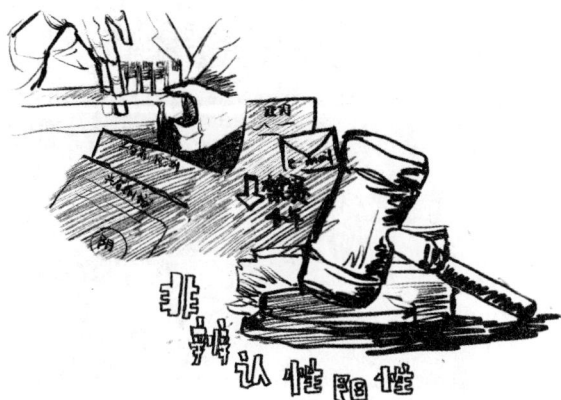

可以裁定发生了一项或多项兴奋剂违规行为。她也成为历史上第一个因"非辨认性阳性"结果而被判兴奋剂违规的运动员。

蒂姆·蒙哥马利：被CAS抹去的"世界纪录" [45]

与柯林斯和其他一些运动员一样，USADA 根据 BALCO 案调查期间收集的证据，对蒂姆·蒙哥马利提出了兴奋剂违规指控。因为有了"非辨认性阳性"概念，USADA 并不会因为他的兴奋剂检测结果没呈阳性而不起诉他。尽管蒙哥马利通过了所有的药物检查，但USADA还是对他提出了兴奋剂违规的指控。然而，与柯林斯的主动认罪不同，蒙哥马利对 USADA 的指控向 CAS 提出了上诉。

在 CAS 的调查中，蒙哥马利称自己与康特和BALCO 实验室的交往始于2000悉尼奥运会前不久。当他和康特在 2000 悉尼奥运会上碰面后，康特启动了一个叫"世界纪录计划"的项目，目标是把蒂姆·蒙哥马利变成世界上跑得最快的人。之后蒙哥马利开始服用康特提供的"The Clear"，以及人生长激素（hGH），而他表示并不知道自己所服用的药品是违禁物质。

在判定蒙哥马利兴奋剂违规时，CAS 裁定，尽管针对蒙哥马利的证据不包括他服用兴奋剂的任何直接证据（例如，药物筛查的阳性结果），但有足够的间接证据支持这样的结论，其中包括蒙哥马利血液测试结果和 BALCO 调查文件。同时凯利·怀特也向陪审团提供了蒙哥马利向她承认使用 BALCO 实验室特制类固醇的细节。

最终，CAS 裁决，蒙哥马利违规使用兴奋剂罪名成立。USADA 随即宣布蒙哥马利禁赛 2 年，从 2005 年 6 月起开始执行，并取消了蒙哥马利自 2001 年 3 月 31 日以来的所有比赛成绩，这包括他在 2002 年 9 月巴黎国际田径大奖赛上创造的世界纪录。

马里昂·琼斯：深陷泥潭的"女飞人" [44-45]

BALCO 丑闻爆发后，马里昂·琼斯成为与 BALCO 有关联的众多运动员之一。多年来，这位继格里菲斯·乔伊娜（Griffith Joyner）之后又一位称雄世界田坛的"女飞人"购买并使用了多种 BALCO 产品，但她却一直声称从未使用任何违禁产品。

作为一名田径运动员，琼斯的成绩无疑是耀眼的，她三次获得国际田联最佳运动员和杰西·欧文斯奖，并在 2000 悉尼奥运会上获得了 5 枚奖牌，其中包含 3 枚金牌。而世界冠军、美国铅球运动员、后来的北卡罗来纳大学教练 C. J. 亨特和美国短跑运动员蒂姆·蒙哥马利正是这位"女飞人"的前夫和前男友。

此前有证据指证琼斯与 BALCO 有着紧密的联系，而 C. J. 亨特除承认自己服用从康特那里获得的类固醇外，同时指证他的前妻琼斯也曾使用类固醇和其他各种提高成绩的违禁药物，这些药物都是琼斯直接或间接从 BALCO 实验室获得的。他还告诉大陪审团，琼斯在 2000 悉尼奥运会上使用了人生长激素和"The Clear"，有时他会亲自给琼斯注射药物。而琼斯否认了亨特的指证，称亨特是一个怀恨在心的前夫，试图通过做伪证来报复自己。

随着前夫亨特和前任男友蒙哥马利的相继落网，田径明星琼斯再次面临越来越多对她职业生涯诚信的质疑，围绕 BALCO 事件的宣传让许多人相信琼斯也使用了违禁药物，但她一次又一次强烈否认这一指控。

2006 年，琼斯在一项兴奋剂检查中的 EPO 阳性结果使她成为反兴奋剂机构的关注对象。2006 年 6 月琼斯在印第安纳波利斯赢得 100 米比赛后被检测出阳性，这是她第 14 次获得全国冠军，也是她自 BALCO 丑闻公开以来的首次夺冠。几天后，她申请 B 瓶样本检测。而她的 B 瓶样本检测结果为阴性，但这并不是故事的结局。

　　自从蒙哥马利被禁赛后，他失去了一切收入来源，为了维持生计，2007 年 4 月，蒙哥马利涉嫌同谋一宗百万美元假支票欺诈以及洗钱案，最终，琼斯的落网也是因为她卷入了前男友蒙哥马利的案件中。如果琼斯没有在案件中浮出的一些支票上签名，如果她没有说谎，可能琼斯使用类固醇将永远无法查证。2007 年 10 月，面对因向联邦政府官员撒谎而可能面临的监禁，联邦政府检察官说服琼斯进行认罪免刑。随后她承认自己在 2000 年至 2007 年故意使用 BALCO 实验室提供的类固醇和其他违禁物质，返还了她在 2000 悉尼奥运会上获得的所有 5 枚奖牌，并正式宣布退役。琼斯因为退役免去了兴奋剂违规的禁赛处罚，但她仍因在 BALCO 案件调查中作伪证于 2008 年 3 月被判入狱 6 个月，并因她在蒙哥马利的支票欺诈骗局中说谎又被判处 2 个月监禁。这个女子短跑和跳远项目上最耀眼的明星最终陨落。

巴里·邦兹：未被惩治的本垒打纪录保持者 [44–45]

　　自 BALCO 丑闻爆发之初，美国棒球运动员旧金山巨人队（Giants）前外野手巴里·邦兹的名字就一次又一次地与调查联系在一起。邦兹是 MLB 单赛季和职业生涯本垒打纪录的保持者，他的教练格雷格·安德森是与 BALCO 案调查的七名被判有罪并入狱的人之一，这引发了人们对安德森是否向邦兹提供了各种违禁药物的疑问。多年来,邦兹与 BALCO 的关系一直是争议的源头,许多球迷、体育记者、权威人士以及一些棒球圈内人士都认为,邦兹的纪录旁边应该加个问号,因为这位球员被指控在追求纪录的过程中使用类固醇。

IOC 要求所有奥运项目采取严格的反兴奋剂措施,而职业棒球在这方面一直行动迟缓。在邦兹追逐本垒打纪录的很长一段时间里,棒球界并没有制定管理规则用来规定类固醇的使用,这使得围绕他成就的争议变得更加复杂。大多数职业体育人士都认为使用类固醇是错误的,但当公众的意见与职业体育联盟制定的规则不一致时该怎么办?这是邦兹事件的核心问题之一。

直到 2003 赛季之前,MLB 还没有禁止使用类固醇,联盟也没有对球员进行兴奋剂检查。因此,严格意义上讲,使用 "The Cream" 和 "The Clear" 并不违反规则,尽管大多数球迷都认为这是一种欺骗。从 2003 赛季开始,MLB 对类固醇实施了突击检测,目的是抓住任何使用这种药物的人。

邦兹是在 20 世纪 90 年代末开始与安德森教练合作的,安德森建议邦兹去 BALCO 实验室抽血检查,看看他体内是否缺乏微量元素,在那时康特和 BALCO 在诊断锌和镁缺乏症方面已经有了良好的声誉,邦兹随即同意进行测试。检测结果出来后,邦兹使用了安德森教练提供的各种产品,包括 "The

Cream"和"The Clear"，但他称并不知道这些产品含有什么成分。当时这种药物广泛在运动员中使用，因为它在增加运动员肌肉同时还可以避免药检阳性。

调查期间联邦政府检察官们在安德森家中发现了各种文件，其中包括邦兹服用各种违禁药物的时间表、血检和尿检的记录，以及安德森提供给邦兹的各种产品的发票，而邦兹表示自己对这些文件一无所知。当大陪审团问邦兹是否知道安德森教练给他的是什么药时，他回答说，他不清楚药品的成分，安德森从没跟他说过这些产品是类固醇，只告诉他那是亚麻籽油，他曾一度认为这些产品是帮助他缓解疲劳和关节炎的合法补充剂，但之后他觉得这些补充剂收效甚微，并最终停止了服用。

尽管向大陪审团提供了以上证词，但邦兹的说法与其他棒球运动员的陈述并不一致。2002赛季前曾与邦兹一起训练的加里·谢菲尔德（Gary Sheffield）告诉大陪审团，邦兹让自己跟他一起摄入类固醇。据谢菲尔德说，邦兹安排他拿到了"The Cream"、"The Clear"和一些叫作"红豆"的药丸，随后检察官确认了这些药丸是类固醇。

2005年3月，邦兹的前女友指证邦兹确实和BALCO有所交易，她证实2000年邦兹告诉自己，他从前一年开始使用类固醇。2004年10月16日，《旧金山纪事报》两名记者报道的一段秘密音频对话也显示，邦兹确实知道自己在使用类固醇，音频里安德森还透露了许多被提供"The Clear"的奥运会运动员的名字，并吹嘘说这些运动员和邦兹都不会在药检中呈阳性，因为这种物质是检测不出的。所有这些信息，再加上一些通过邦兹介绍给安德森的运动员的证词，让检察官怀疑邦兹在大陪审团面前给 BALCO 案作证时没有说实话。

虽然如此，2007 年，在对邦兹是否作伪证进行了一年半多的调查后，邦兹未被定罪。同时由于 MLB 并没有制定相关的兴奋剂管理规则，邦兹违规用药最终也没有被定罪，依然代表旧金山巨人队逍遥在 MLB 赛场。

杰森·吉安比：主动道歉的"惩治幸存者"

和巴里·邦兹一样，MLB 前 MVP 杰森·吉安比因为从未在药检中呈阳性，即使他在大陪审团面前承认使用了 BALCO 实验室提供的类固醇和生长激素，迄今为止，也从来没有被 MLB 以任何方式惩罚过。他主动坦白自己第一次接触 BALCO 是在向格雷格·安德森询问巴里·邦兹的训练方案后。随后他几次向媒体道歉，其中最直接的一次可能是在 2007 年 5 月 16 日，他告诉《今日美国》，自己不该使用那些药物，牵扯进 BALCO 案的所有人都该为自己的违法行为道歉。他的弟弟杰里米（Jeremy）也是大联盟球员，是吉安比在奥克兰运动家队（Oakland A's）的前队友，他也曾从 BALCO 公司获得补充剂，并承认在职业生涯中使用类固醇。

比尔·罗曼诺夫斯基：面对高调与猖狂的束手无策

卷入 BALCO 丑闻同样未被处罚的还有著名的橄榄球运动员、两届全明星后卫比尔·罗曼诺夫斯基。这位在 NFL 工作了 16 年的老将公开为康特的产品 ZMA 做广告，他说："我已经让大约 90% 的野马队队员服用了 ZMA。他们告诉我，他们睡得更好了，感觉也更好了！"罗曼诺夫斯基还被指控使用其他提高成绩的药物，如联邦政府禁止的药物 hGH。如此高调却未被惩罚显得 NFL 赛场更为离谱，他与 BALCO 的牵连只会更加玷污这位四届超级碗冠军的职业生涯。

BALCO 案定罪[45]

针对 BALCO 案主谋维克多·康特、詹姆斯·瓦伦特、格雷格·安德森和雷米·科尔切姆尼这四人的案件审理持续了一年半的时间。2005 年 7 月，四人都被判刑，最终康特被判 4 个月监禁和 4 个月家庭监禁；安德森被判 3

个月监禁和 3 个月家庭监禁；瓦伦特被判缓刑；科尔切姆尼也被判缓刑一年。就在康特、安德森和瓦伦特被判刑后不久，药物研制者帕特里克·阿诺德被指控与康特合谋分销特制类固醇。2005 年 9 月下旬，联邦当局突击搜查了阿诺德的实验室，还突击搜查了他的家和办公室。2006 年 4 月，阿诺德被判 3 个月监禁和 3 个月家庭监禁。

启示与思考

　　时至今日，从严格意义上讲，BALCO 已经绝迹了，但维克多·康特还是个自由人，仍然经营着一家名为 "高级调理科学营养"（SNAC）的公司，现在他仍在销售各种补充剂和维生素。

　　因为 BALCO 兴奋剂丑闻，更多的有识之士也表达了对此事件的担忧，人们担心世界上到底还有多少个公众不知道的 "BALCO 实验室" 存在着？现如今，竞技体育的兴奋剂问题越来越严重已是一个不争的事实：越来越多的运动员将胜利寄托于某种神奇的药物，渐渐地忽视艰苦训练才是取胜的根本；现代高科技赋予竞技体育的作用，已经从最初的改进装备演变成如何研制新型兴奋剂以逃避药检技术。为了夺冠的荣誉以及高经济回报，许多运动员和教练员铤而走险。BALCO 案涉及的世界级运动明星一个个落网让整个体育界感到震撼，同时对这些知名运动员的惩治也给体育界敲响了警钟：千万不能轻视公平竞争、团队合作等体育精神的价值。

　　反兴奋剂工作面临严峻考验。要想弘扬 "纯洁体育" 精神，还体育界一片纯洁的净土，全世界的反兴奋剂力量还有一段很长的路要走。

第七节　冰雪项目违规案例

　　2022 年 2 月 20 日，北京夜空澄澈，"鸟巢"流光溢彩，在朵朵小雪花汇成的大雪花"心"中燃烧 16 天后，奥运火种缓缓熄灭。一场精彩、非凡、卓越的冬奥会成为这个春天中国送给世界的真诚礼物。2022 北京冬奥会点燃了全球对冰雪运动的关注，除了一夜爆火的冰墩墩、雪容融，各个项目的明星运动员也成为各社交媒体争相报道的焦点。日本男子花样滑冰运动员羽生结弦（Yuzuru Hanyu）自不必多说，在这次北京冬奥会上，卡米拉·瓦利耶娃 (Kamila Valieva)、安娜·斯坦尼斯拉瓦芙娜·谢尔巴科娃（Anna Stanislavovna Shcherbakova）和亚历山德拉·维亚切斯拉沃夫娜·特鲁索娃（Alexandra Vyacheslavovna Trusova）也受到国内外粉丝的追捧，3 位俄罗斯花样滑冰女子运动员在过去几年深受全球体育爱好者的支持，三人中究竟谁能一举夺得 2022 北京冬奥会花样滑冰女子单人滑冠军成

了全球粉丝热议的话题。但其中一位小姑娘，却陷入了"兴奋剂丑闻"旋涡之中，让这场"三娃之争"有了更为戏剧性的落幕。

2022年2月11日，WADA发声，瓦利耶娃在2021年12月举行的俄罗斯花样滑冰锦标赛的药检呈阳性，确定服用违规药物——曲美他嗪。禁药风波对于尚未成年的瓦利耶娃来说，显然是无法承受的压力，最终她在北京冬奥进行的单人滑比赛中发挥失常，没能获得奖牌，随后瓦利耶娃的B瓶尿样检测依然是阳性。在冬奥会结束之后，WADA就对RUSADA提出要求，必须要对瓦利耶娃的事件在2022年11月给出结果。在没有等到"想要"的结果之后，WADA将此事上诉至CAS。瓦利耶娃案件目前已经启动审理程序，但是否举办听证会，何时举办听证会，依然没有具体的时间安排，各界都在等待这个事件的最终结局[46]。

从个别奥运选手被禁止参加比赛到精心策划的集体兴奋剂阴谋，冬奥会兴奋剂丑闻不绝于耳。自1968年奥运会开始进行兴奋剂检查以来，截至2018平昌冬奥会，冬奥会上已经有89例兴奋剂检测呈阳性[47]。

冬奥会上首次出现兴奋剂案例是在1972年的札幌（Sapporo）冬奥会，当时联邦德国冰球运动员阿洛伊斯·施洛德（Alois Schloder）的违禁物质麻黄碱（banned substance ephedrine）检测呈阳性。但因为当时反兴奋剂规则并未完善，他最终未受到处罚[47]。

兴奋剂丑闻在现代加速出现，在2002盐湖城冬奥会前只发生了6起阳性案例，但自此之后，因为 IOC 联合 WADA 加强了药物检测，冬奥会上的阳性案件数急剧上升。多届冬奥会、多个项目、多名运动员都卷入了兴奋剂丑闻。

1998年，长野（Nagano）冬奥会[48]

1998 年 2 月 8 日，长野冬奥会赛场上，加拿大运动员罗斯·雷巴利亚蒂（Ross Rebagliati）获得单板滑雪大回转比赛的金牌，这也是奥运会单板滑雪历史上的第一枚金牌。1998 年 2 月 11 日，IOC 执行委员会通知雷巴利亚蒂参加赛后兴奋剂检查。由于在检查中发现了大麻的代谢物，IOC 决定取消颁发奖牌。随后，雷巴利亚蒂对 IOC 执行委员会的这一决定向 CAS 提出上诉。

虽然自1988汉城奥运会以来，IOC 对奥运会期间收集的所有样本都进行了大麻检测，但目的不是对那些在尿液中含有大麻或其代谢物的运动员进行制裁，而是为探索是否将大麻列入禁用清单提供数据支持。在当时 IOC 公布的禁用物质和禁用方法清单里，大麻并不在列。

在当时，除非 IOC 和国际滑雪联合会（FIS）共同通过大麻禁令，否则大麻的使用不受禁止。而在当时，IOC 和 FIS 之间并没有达成协议，因此大麻在长野冬奥会滑雪项目中并不禁用。最终，CAS 否决了 1998 年 2 月 11 日 IOC 撤销雷巴利亚蒂奥运金牌这一决定。

这是运动员因使用大麻而遭受兴奋剂违规质疑的第一案，2004 年，WADA 首次在《禁用清单》上公布大麻类物质，此后大麻类物质一直在赛内禁用。

2002年，盐湖城（Salt Lake City）冬奥会

2002年的盐湖城冬奥会是WADA成立后的首届冬奥会，IOC联合WADA开始严厉打击赛场内外的各种兴奋剂违规，时任IOC主席的雅克·罗格（Jacques Rogge）打响了他任期内的反兴奋剂第一枪，第一次在比赛期间对所有参加耐力项目(例如越野滑雪、冬季两项、速滑等)比赛的700多名运动员进行EPO测试，规模如此之大在奥运会历史上还是第一次，此后冬奥会赛场兴奋剂检测成为常态[49]。

此次冬奥会上，滑雪项目遭到严重打击，总共10例兴奋剂阳性案件中有9例都来自此项运动，其中最为著名的案件要数英国运动员阿兰·巴克斯特(A. Baxter)和西班牙运动员约翰·穆赫莱格（Johann Mühlegg）。

在盐湖城冬奥会上获得高山滑雪大回转比赛铜牌的英国运动员巴克斯特在兴奋剂检查中被检测出脱氧麻黄碱阳性。这一消息是时任IOC医疗委员会主席帕特里克·尚巴赫（Patrick Chambach）2002年3月5日接受法新社记者电话采访时确认并宣布的。但巴克斯特本人对这一检测结果予以否认，他要求开启B样本以证清白，但他的B样本检测结果依旧呈阳性。鉴于此结果，IOC于2002年3月21日做出决定，取消巴克斯特的冬奥会参赛资格并撤销他在盐湖城冬奥会上获得的男子高山滑雪大回转项目的铜牌。巴克斯特不满裁决，将一纸诉状递到了CAS，要求返还他"应得"的奖牌。巴克斯特称，

在他的尿样中出现的脱氧麻黄碱来自一瓶他在大赛期间使用的鼻吸药粉，而那瓶药粉是他在美国当地购买的，在此之前，他一直使用此类药粉而从未出过任何问题。最终，CAS 驳回巴克斯特的诉案，支持 IOC 撤销他在盐湖城冬奥会上所得铜牌的决定，并对他实行为期 2 年的禁赛处罚。遗憾的是，巴克斯特在盐湖城冬奥会上获得的铜牌是英国高山滑雪项目第一枚奖牌，这枚奖牌被取消也就意味着英国人在这一项目上仍是空白[50-51]。

　　在此届冬奥会上发生同样情况的还有西班牙越野滑雪运动员约翰·穆赫莱格。穆赫莱格在本届冬奥会上获得了自由式越野滑雪 10 公里追逐赛、30 公里集体出发项目和男子 50 公里古典式越野滑雪 3 枚金牌，被誉为西班牙奥运史上最伟大的"英雄"。但随之而来的兴奋剂丑闻给还在兴头上的西班牙人浇了一盆冷水[52]。

　　IOC 2002 年 3 月 24 日宣布，获得三枚金牌的西班牙滑雪名将穆赫莱格因在刚刚结束的盐湖城冬奥会上被查出服用兴奋剂而取消其 2002 年 3 月 23 日所获得 50 公里滑雪比赛的金牌并被立即驱逐出盐湖城冬奥会。在穆赫莱格的药检中发现了一种类似 EPO 的新型兴奋剂，但其一直否认使用兴奋剂。穆赫莱格本人表示，由于此次冬奥会，他采用了特殊的饮食安排，这也许是他血液中出现这种东西的原因，他还表示自己在过去几年的所有药检中都没出现过任何问题。但可惜的是穆赫莱格的兴奋剂复查结果仍呈阳性，最终 IOC 宣布穆赫莱格禁赛 2 年并撤销了他在比赛中获得的所有奖牌[53]。

　　穆赫莱格的兴奋剂违

规并不令人惊讶，早在 2002 年 1 月，他就因为滑雪速度和耐力超乎常人而受到瑞典奥委会医生的注意并怀疑其服用兴奋剂。穆赫莱格兴奋剂阳性事件在西班牙引起了巨大反响，为此，西班牙政府表示，将加大力度查处竞赛中运动员服用兴奋剂问题[54]。

2006年，都灵（Turin）冬奥会[55-57]

尽管都灵冬奥会期间只查出了 1 例兴奋剂阳性，然而在赛场外发生的一系列兴奋剂事件，却让时任 IOC 主席的雅克·罗格眼花缭乱。这位当时的 IOC "掌门人"在 2006 年 2 月 22 日发出了这样的感慨："这简直就是一出大戏，连好莱坞都编不出这样的情节。"

都灵冬奥会开幕之前，有 12 名越野滑雪选手赛前血检结果异常，IOC 委员、WADA 时任主席迪克·庞德（Dick Pound）公开表示："很凑巧地有 12 人同时血红蛋白值超标，很难不怀疑这是起兴奋剂事件。"

2006 年 2 月 9 日，12 名运动员接受了血液筛查测试，这是 FIS 联合 WADA 对运动员进行的一系列赛前检测的一部分。血液检测报告显示这些运动员 "血红蛋白值超标"。因此，FIS 根据与 WADA 合作制定的《国际滑雪联合会反兴奋剂规则 2005/2006 年程序指南》第 B.4.2 条规定，向 12 名运动员发出了 5 天的"禁止参赛通知"。

然而，这起事件并没有被定性为兴奋剂事件。对于运动员 "血红蛋白值超标"一事，FIS 解释说，高纬度训练最有可能导致血红蛋白值超标。时任 FIS 秘书长的萨·刘易斯（Sa Lewis）也对临时禁赛处罚作出解释："《国际滑雪联合会反兴奋剂规则 2005/2006 年程序指南》第 B.4.3 条中说明了运动员禁赛的政策原因，禁赛不是处罚，而是出于对运动员身体健康的考虑采取的保护措施。血红蛋白值过高，血液就有过于黏稠的风险，很可能会造成凝块。"在禁赛五天后，FIS 对这 12 名血红蛋白值超标的运动员再次检测，其中有人血红蛋白值下降，最终 IOC 允许这 12 名运动员重新回到冬奥赛场。

同样的，在都灵冬奥会之前，WADA 还派遣 DCO 到奥地利越野滑雪队进行赛外检查，但是当 DCO 根据他们申报的行踪信息到达检查地点后，房间里没有人，却在地下室发现了一个类似血液检测的实验室，一些迹象表明与血液回输有关。地下室里的房主迅速将兴奋剂检查人员赶了出来，而这个房主正是奥地利越野滑雪队前教练沃尔特·迈尔（Walter Mair）的妻子。

正是这个迈尔，在 4 年前 2002 盐湖城冬奥会担任奥地利越野滑雪队主教练期间，在运动员的住地被发现了用于血液回输的设备，迈尔也因为企图对运动员施用兴奋剂被 FIS 终身禁赛。

然而，就在都灵冬奥会开赛后，有人向 WADA 举报：在奥地利越野滑雪和冬季两项运动员住地发现了迈尔的身影，这使奥地利越野滑雪队和冬季两项队惹上了兴奋剂的嫌疑。IOC 将 WADA 接到的举报呈交给了意大利政府，意大利政府最终同意警方协同 IOC 共同完成兴奋剂检查和调查。

2006 年 2 月 18 日晚，一支由意大利警方和 IOC 共同组建的队伍，同时对塞斯特雷和普拉格拉托的奥地利代表团住地发动突击检查。当时奥地利住地乱作一团，输血器材被扔出窗外，很多人试图逃离现场。

其中"做贼心虚"的就有两名奥地利冬季两项选手佩纳（Pena）和罗特曼（Rothman）以及一名现任教练，他们于当地时间 2 月 19 日逃回奥地利国内。之后三人都承认他们曾使用违禁方法提高运动成绩。

两天后，警察又突击搜查了奥地利滑雪队在阿尔卑斯山下的住地。警察经过了彻底的搜查，搜到了很多成分不明的药片，还搜走不少"有利于调查的物品"。随后，10 名奥地利冬季两项和越野滑雪队队员接受了 IOC 的兴奋剂检查。然而，在突击检查 3 天后，IOC 宣布，10 名接受了兴奋剂突击检查的奥地利运动员药检结果均呈阴性，这大大出乎所有人的意料。

罗格在接受媒体采访时指出，裁定运动员是否服用兴奋剂或使用违禁方法，不一定要依靠检测结果，其他证据确凿，也能"定罪"。奥地利选手兴奋剂事件并未就此结束，IOC 将与意大利警方配合继续调查下去。

事件并没有因为都灵冬奥会的结束而结案，调查延续了 3 年多，2009 年 6 月都灵检察官格瑞内（Grainne）正式以违反意大利反兴奋剂法对 10 名奥地利涉案官员和运动员提起诉讼。IOC 和 FIS 都对此做出了积极反应，对有问题的运动员给予禁赛 2 年的处罚，其中 6 名运动员在禁赛期结束后终身不得参加奥运会。这是 IOC 第一次在运动员兴奋剂检测结果呈阴性的情况下对运动员进行兴奋剂违规处罚。奥地利奥委会也因为对运动员队伍监管不力，被处以 100 万美元的罚款。此次事件也影响到了奥地利萨尔斯堡对 2014 年冬奥会的申办，最终 2014 年冬奥会的举办权由俄罗斯索契获得。

2010 年，温哥华（Vancouver）冬奥会

2010 年第 21 届冬奥会在加拿大温哥华市举行，奥运会期间共实施兴奋剂检查 2149 例，包括 1742 例尿样与 407 例血样，检测出 3 例兴奋剂违规[47]，其中波兰越野滑雪选手科内利亚·马雷克（Malek）的尿样 EPO 呈阳性，这是温哥华冬奥会的首例严重兴奋剂违规事件。马雷克承认在冬奥会期间接受了肌肉和静脉注射，不过她并不知道其中含有违禁物质。最终，WADA 判罚

其禁赛 2 年并取消其在温哥华冬奥会中取得的所有成绩，随后波兰滑雪协会将她开除出国家队[58]。

　　另外两名兴奋剂违规运动员分别是俄罗斯冰球女运动员斯韦特兰娜·特恩提瓦（Svetlana Terenteva）甲基己胺阳性和斯洛伐克男子冰球运动员鲁伯莫尔·维斯诺斯基（Lubomir Visnovsky）伪麻黄碱阳性。他二人只是被 IOC 给予警告处理，并没有禁止继续参加比赛[59]。在 IOC 召开的新闻发布会上，时任 IOC 副主席的托马斯·巴赫（Thomas Bach）向媒体做出解释说："IOC 纪律委员会认为，在对特恩提瓦这件事的处理上一方面违背了原则，但另一方面考虑到后果和影响，我们认为公平的处罚是发表声明，对这起特殊的案件进行谴责，而不是把这名运动员送回国并取消她的参赛资格，因为这样做看起来太过严厉了。"

　　基于 IOC 纪律委员会和国际冰球联合会（IIHF）这一次的"宽宏大量"，我们有必要回顾一下听证过程，对其他运动员也是一种借鉴。

　　对特恩提瓦的检查发生在 2010 年 2 月 6 日（冬奥会 2010 年 2 月 4 日开幕），特恩提瓦声明称她已于 2010 年 2 月 3 日停止使用相关药品（一种含甲基己胺

成分治疗鼻炎的喷雾剂，该药在赛外不禁用），因为其知晓在大赛期间该物质属于违禁物质，她也清楚地知道在自己首次参赛日之前（即2010年2月14日）该药物应从自己体内代谢干净。通常如果在比赛后立即采集的样本中发现此类兴奋剂（例如甲基己胺），即便该兴奋剂是在比赛开始之前很长一段时间服用的，运动员依然会受到处罚。这一案件的特殊之处在于当时国际上并没有对"赛内"有着特别明确的定义，IOC依据条例自己定义整个奥运会期间从2月4日开始至奥运会闭幕，均为"赛内"期间，并不是运动员认为的从她开始参加比赛的2月14日计算。由于IOC和运动员之间对"赛内"时间定义上存在误解，最终IOC纪律委员会判定认为，由于本案中的阳性完全是由于IOC对"赛内"的独特定义所引起的，加上特恩提瓦配合调查时非常合作，因而纪律委员会不剥夺特恩提瓦继续参赛的资格[60]。

因为有此案例在先，在随后斯洛伐克男子冰球运动员维斯诺斯基伪麻黄碱事件的听证会上，IOC纪律委员会也完全信任了运动员的陈述："我认为禁用物质进入我的体内是由于我最近在服用一种'Advil牌感冒药'的非处方感冒药，我服用此种药物的目的仅仅是为了治疗感冒，并非为了加强我在比赛中的表现。事实上，我之所以特别选择了这一品牌是由于我的团队与国家队的训练人员都告诉我这个品牌的药品不含有加强比赛表现的违禁物质。不仅如此，当DCO向我要求列出我在过去七天中所使用过的所有药物时，我开诚布公地列出了'Advil牌感冒药'。另外，正如各位所知道的，当我在2010年2月26日比赛日当天早上再次接受兴奋剂检查时，检查结果为阴性。"

这又是一起因为 IOC 和运动员之间对"赛内""赛外"时间界定上存在误解而造成的兴奋剂阳性事件，因为伪麻黄碱属于 S6 刺激剂，仅在赛内禁用，赛外不禁用。维斯诺斯基为治疗感冒在冬奥冰球项目开赛前（他所认定的"赛外"时间）服用了含有伪麻黄碱物质的特效感冒药，所以在赛前的兴奋剂检查中查出了伪麻黄碱阳性，但在他首次参赛日之前，该药物已经从其体内代谢干净，这点从比赛日当天他的兴奋剂检测结果呈阴性便可得知。因此，最终 IOC 也只是对运动员、队医以及其团队提出警告和公开批评，并没有对其提出禁赛处罚。如今，2021 年版《世界反兴奋剂条例》中对"赛内"有了明确的界定：是指比赛日前一日的 23：59 分开始。

在温哥华冬奥会期间共进行了多达 2149 例药检，而 IOC 还提出了对运动员提交的尿样和血样采取保存 8 年的举措，其目的是希望随着检测手段的不断提升，一些目前暂时还无法检测出的违禁成分能够在日后复查时被发现。

2014年，索契（Sochi）冬奥会

2014 索契冬奥会，俄罗斯运动员以 13 金 11 银 9 铜的成绩傲视群雄。2014 年 2 月 23 日的闭幕仪式上，俄罗斯代表团作为东道主最后入场，花样滑

冰双人滑冠军得主之一的塔兰科夫（Tarankov）担任旗手。在俄罗斯儿童合唱团唱响的国歌声中，运动员们代表着自己的祖国，迎来了他们的高光时刻。

然而，同年年末，一部名为《禁药密档：俄罗斯如何制造出它的冠军们》的纪录片引爆网络，俄罗斯的高光时刻很快蒙上了阴影。

在这部纪录片中，俄罗斯田径运动员尤莉娅·斯特潘诺娃（Yulia Stepanova）和其曾服务于 RUSADA 的丈夫维塔利·斯特潘诺夫（Vitaly Stephanov）成为了核心证人，他们共同指控俄罗斯运动员在索契冬奥会中系统性地用药。

作为女子 800 米运动员的尤莉娅称，早在 2006 年，教练就向她提供 EPO 注射剂等药物。她还爆料，所有教练都会为队员安排好服药事宜。后来，随着尤莉娅进入俄罗斯国家队的核心圈，俄罗斯田径协会教练将她介绍给了俄罗斯田径协会首席医学官员谢尔盖·尼古拉耶维奇·图加洛夫（Sergei Nikolayevich Tugalov）。后者会根据运动员各自的情况，为她们定制补剂和兴奋剂类药物。

由于兴奋剂问题，2013 年 2 月，尤莉娅被禁赛 2 年。当时，她在与丈夫慎重商议后，写下了长达 10 页的揭发信，寄给了 WADA，但没有收到任何回音。不过，从那时起，尤莉娅意识到自己需要更多的证据，于是她开始悄悄录音，将她的教练、医生和其他选手的对话记录下来，并将这些资料交给了一位德国的纪录片工作者哈约·赛佩尔特（Hajo Seppelt），这也直接促成了《禁药密档：俄罗斯如何制造出它的冠军们》这部纪录片的推出。

短短 55 分钟的纪录片将俄罗斯推入风口浪尖，尤莉娅及其丈夫选择出逃美国，并被媒体称为"俄罗斯版本的斯诺登"。然而，在举报俄罗斯兴奋剂丑闻中，另一位核心人物的叛逃则显得更加重要。

2015 年，俄罗斯反兴奋剂实验室前主任罗德琴科夫（Grigory Rodchenkov）叛逃美国，他提供了很多针对 2014 索契冬奥会上被指控使用兴奋剂的俄罗斯运动员的证据，其中包括最为核心的样品替换方法。

罗德琴科夫承认，自己的工作任务不仅包括指导俄罗斯运动员服药，还需要帮助替换样本。在国际大型比赛中，运动员被要求在赛后提交尿样。尿样会分装在两个瓶子里：A 瓶马上进行检测，B 瓶则被长期封存，多则 10 年。这种直径约 5 厘米、高约 13 厘米的方形瓶子，每个价值高达 15 美元。它的特殊之处在于，一旦将瓶盖盖上，金属环会扣死，只有瓶子生产商贝林格公司所生产的特殊仪器才能将之打开，而打开的方式是拦腰切断——也就是说，没人能够在瓶子完好无损的情况下取得样本。但根据罗德琴科夫的说法，俄罗斯人已经破解了瓶子的打开方法，并替换了索契冬奥会上俄罗斯运动员的尿液样本。

罗德琴科夫的指控直接促成了《麦克拉伦报告》的主要内容。2016 年，WADA 任命独立委员会成员、加拿大律师理查德·麦克拉伦（Richard McLaren）就俄罗斯兴奋剂问题进行调查。当年 7 月公布的《麦克拉伦报告》

第一部分称，俄罗斯体育部门操纵了 2014 索契冬奥会及其在俄罗斯举行的大赛尿检，并建议 IOC 考虑禁止俄罗斯参加里约奥运会。随后在当年 12 月，《麦克拉伦报告》第二部分披露：在 2011 年至 2015 年，有一千多名俄罗斯运动员涉嫌服用了兴奋剂；俄罗斯选手的尿样存在 DNA 信息不吻合或者 DNA 混合来自不同队员的情况。

《麦克拉伦报告》促成 IOC 出台针对俄罗斯的临时制裁措施，俄罗斯田径队也受此影响，最终无缘里约奥运会。时隔一年后，2017 年 12 月，IOC 公布的《施密德报告》成为了关键，该报告"详述了俄罗斯在 2014 索契冬奥会期间帮助其运动员掩盖使用违禁药物的行为，包括替换尿样和修改药物检测结果"。

最终，IOC 决定禁止俄罗斯代表团参加 2018 平昌冬奥会，符合条件的俄罗斯运动员可以以"来自俄罗斯的奥林匹克运动员"名义或个人名义参赛，任何场合不得出现俄罗斯国旗和国歌。

索契冬奥会是冬奥历史上兴奋剂违规案件最多的一次冬奥会，总共有 55 起违规案件和 21 枚奖牌被撤销[47]。

2018年，平昌（Pyeongchang）冬奥会

由于卷入了索契冬奥会的国家兴奋剂丑闻，整个俄罗斯国家队被禁止参加 2018 平昌冬奥会。能够证明自己清白的俄罗斯运动员可以以"来自俄罗斯的奥林匹克运动员"的名义参赛，但不能出现俄罗斯国旗。俄罗斯最初决定派出 500 名选手以中立的身份参赛，但经过 IOC 筛选最后只有 169 人符合条件。

尽管对来自俄罗斯的奥运会运动员进行了严格审查，但在平昌冬奥会上仍有两名运动员被抓获使用兴奋剂。其中包括俄罗斯冰壶运动员亚历山大·克鲁舍尼茨基（Alexander Krushelnitskiy），这也让原本就处于风口浪尖的俄罗斯运动员再度蒙上兴奋剂阴影[61]。

2018 年 2 月 18 日，克鲁舍尼茨基与搭档布雷兹加洛娃在平昌冬奥会冰

壶混双比赛中赢得铜牌，两人赛场上是战友，赛场下是夫妻，更因为妻子的优越外貌使两人在社交媒体上大受欢迎。

不幸的是，克鲁舍尼茨基在赛后的兴奋剂检测中呈阳性，样本中发现了美度铵（Meldonium）成分[62]。虽然克鲁舍尼茨基坚称自己没有服用过兴奋剂，并质疑主办方提供的食物有问题。但 2018 年 2 月 22 日，CAS 还是剥夺了其平昌冬奥会冰壶项目混双铜牌，并判罚其禁赛 4 年，他们也无缘 2022 北京冬奥会[63]。

同俄罗斯一样，日本也因为在平昌冬奥会上的首例兴奋剂阳性事件被推上了舆论的风口浪尖。CAS 2018 年 2 月 13 日发表声明称，日本男子短道速滑选手斋藤慧（Kei Saito）在平昌冬奥会前的赛外兴奋剂检查中被查出阳性，这是一向自诩清白的日本队在冬奥历史上的首例兴奋剂丑闻[64]。

斋藤慧 2018 年 2 月 4 日刚刚抵达平昌奥运村当天接受赛外检查时，被查出乙酰唑胺（利尿剂）阳性。随后，日本代表团要求检测 B 瓶样本，最终 B 瓶样本检测结果也呈阳性。国际滑联（ISU）对斋藤慧处以禁赛 2 年的处罚，随后，斋藤慧因不服这一判罚，向CAS提出上诉。

基于斋藤慧向CAS提交的材料和提供的证据，经CAS调查认为平昌冬奥会期间，斋藤慧极有可能将一种美国产的一次性隐形眼镜护理液吸入鼻中，导致了阳性反应。据日本反兴奋剂机构（JADA）专务理事浅川伸（Shin Asakawa）表示，虽然迄今为止，从未听说过因隐形眼镜护理液被检出利尿剂的案例，但历史上日本曾出现过由于眼药水含有违禁物质，从而药检呈阳性的先例。

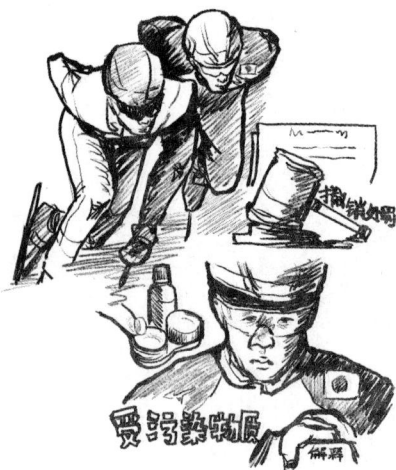

最终CAS驳回了ISU对斋藤慧禁赛2年的处罚要求。同月，斋藤慧向ISU提交了一份书面解释，其中称药检阳性是因为他摄入了一种受污染的物质。而ISU也在斋藤慧做出解释后，与之达成了一份"和解协议"，并最终撤销了对他的处罚[65-66]。

虽然斋藤慧在冬奥期间药检阳性事件被归咎于接触受污染的产品，因此避免了兴奋剂处罚，但是，运动员是反兴奋剂义务的第一责任人，确保任何禁用物质不进入自己体内是每个运动员的义务，运动员应该积极主动学习最新版的《禁用清单》，清楚各种禁用物质和方法，有意识地避免误服误用兴奋剂。

启示与思考

对于像冬奥会这样的全球性重大体育赛事，难免会出现"兴奋剂违规"等字眼。随着冬奥兴奋剂滥用事件频出，为了有效地处理在奥运会期间产生的兴奋剂案件和纠纷，2014年12月通过的《奥林匹克2020议程》涉及奥林匹克改革的40项建议，覆盖反兴奋剂与保护干净运动员、奥林匹克价值教育等 11 个方面。为进一步打击兴奋剂违规行为，2018 年，ITA 正式成立。其旨在用更独立、透明、专业的方式进行兴奋剂检查。自 2018 平昌冬奥会起，出于对反兴奋剂工作权威性和公平性的考量，IOC 第一次将所有兴奋剂检查工作委托给 ITA 执行。

对俄罗斯索契冬奥会兴奋剂事件的处罚是首次针对整个国家的禁赛处罚，其意义不仅在于国际体育组织对于体育精神的捍卫，也在于彰显其在体育领域中的权力。

正是因为往届冬奥会一个又一个兴奋剂案例的启示，2022 年刚刚结束的北京冬奥会倡导公平公正、纯洁体育的价值观，北京冬奥组委在全面总结、汲取往届冬奥会反兴奋剂工作成功经验的基础上，以"零容忍"的态度制定了的北京冬奥会反兴奋剂工作方案和措施；与各方共同努力，在各国奥林匹克选手心中点燃"公平竞赛"和"拿干净金牌"的火种，举办了一届"像冰雪一样纯洁、干净的冬奥会"。

参考资料

［1］"如果被掏空了，就来一针兴奋剂"：自行车禁药简史:1［EB/OL］.（2017-06-18）［2022-12-25］. http://www.biketo.com/racing/34004_2.html.

［2］不嗑点禁药都不好意思说你在自行车上混过：自行车史上 15 大兴奋剂丑闻［EB/OL］.［2022-12-25］. http://www.paobushijie.com/xingfenji/2900-jinyao.

［3］禁止？禁而不止：自行车禁药简史：2［EB/OL］.（2017-06-29）［2022-12-25］. http://www.biketo.com/racing/34005_2.html.

［4］ USADA. Lance Armstrong receives lifetime ban and disqualification of competitive results for doping violations stemming from his involvement in the United States Postal Service Pro-Cycling Team doping conspiracy［EB/OL］.［2022-12-25］.https://www.usada.org/sanction/lance-armstrong-receives-lifetime-ban-and-disqualification-of-competitive-results-for-doping-violations-stemming-from-his-involvement-in-the-united-states-postal-service-pro-cycling-team-doping-conspi/.

［5］ CAS 2011/A/2384 & 2386 arbitration CAS 2011/A/2384 Union Cycliste Internationale

(UCI) v. Alberto Contador Velasco & Real Federación Española de Ciclismo (RFEC) & CAS 2011/ A/2386 World Anti-Doping Agency (WADA) v. Alberto Contador Velasco & RFEC, award of 6 February 2012［EB/OL］.［2022-12-25］. https://jurisprudence.tas-cas.org/Shared%20 Documents/2384,%202386.pdf#search=Contador.

［6］ 知名队医购买禁药被查，英国自行车队 14 枚奥运金牌有猫腻？［EB/OL］.（2021-03-16）［2022-12-25］. https://www.thepaper.cn/newsDetail_forward_11729618.

［7］ 检测出曲马多 乌克兰车手被取消世锦赛成绩［EB/OL］.（2022-11-10）［2022-12-25］. https://www.yoojia.com/article/8739292483310179513.html.

［8］ UCI. UCI statement on the award rendered by the Court of Arbitration for Sport in the case of Nairo Quintana［EB/OL］.（2022-11-03）［2022-12-25］. https://www.uci.org/ pressrelease/uci-statement-on-the-award-rendered-by-the-court-of-arbitration-for-sport-in/3IBuUf7ThND0EVSZ2Ys304.

［9］ UCI. UCI statement concerning Nairo Quintana Rojas［EB/OL］.（2022-08-17）［2022-12-25］. https://www.uci.org/pressrelease/uci-statement-concerning-nairo-quintana-rojas/7DIAQXAGCJPfb3Axi6BW3W.

［10］ USADA. New Zealand cycling athlete Olivia Ray accepts sanction for anti-doping rule violation［EB/OL］.（2022-08-17）［2022-09-22］. https://www.usada.org/sanction/olivia-ray-accepts-doping-sanction/.

［11］ WADA.2019 anti-doping rule violations (ADRVs) report［EB/OL］.［2022-12-25］. https://www.wada-ama.org/en/resources/anti-doping-stats/anti-doping-rule-violations-adrvs-report.

［12］田径百米兴奋剂丑闻史：美国六大飞人上榜 博尔特干净无瑕疵［EB/OL］.（2021-03-31）［2022-12-25］.https://www.163.com/dy/article/G6DONUCB0549704M.html.

［13］ 国际田坛五大兴奋剂丑闻：乔伊娜 38 岁家中猝死［EB/OL］.（2013-07-16）［2022-12-25］. http://sports.people.com.cn/n/2013/0716/c22176-22214709.html.

［14］ 追溯本·约翰逊汉城服药：历史性一刻转眼成丑闻［EB/OL］.（2008-02-28）［2022-12-25］. https://sports.sohu.com/20080228/n255425785.shtml.

［15］ 卡尔·刘易斯终于承认服药 田坛兴奋剂闹剧大片杀青［EB/OL］.（2003-04-28）［2022-12-25］. http://sports.sina.com.cn/o/2003-04-28/0203432434.shtml.

［16］ 重返伤心地首尔 本约翰逊为 25 年前错误"还债"［EB/OL］.（2013-09-26）

［2022-12-25］. https://sports.sohu. com/20130926/n387265821.shtml.

［17］CAS 2021/A/7983 Brianna McNeal v. World Athletics［EB/OL］.［2022-12-25］.

［18］CAS 2021/A/8059 World Athletics v. Brianna McNeal［EB/OL］.［2022-12-25］.

［19］CAS 2018/A/5654 Olha Zemliak v. Ukrainian Athletic Federation & World Anti-doping Agency［EB/OL］.［2022-12-25］.

［20］CAS 2018/A/5655 Olesia Povh v. Ukrainian Athletic Federation & World Anti-doping Agency［EB/OL］.［2022-12-25］.

［21］USADA. U.S. Track & Field athlete Gil Roberts accepts sanction for anti-doping rule violation［EB/OL］.（2022-12-08）［2022-12-25］.https://www.usada.org/sanction/gil-roberts-accepts-doping-sanction/.

［22］USADA. AAA panel imposes 4-year sanctions on Alberto Salazar and Dr. Jeffrey Brown for multiple anti-doping rule violations［EB/OL］.（2019-09-30）［2022-12-25］.https://www.usada.org/sanction/aaa-panel-4-year-sanctions-alberto-salazar-jeffrey-brown/.

［23］ESPN. Nike shuts down Oregon Project after Alberto Salazar ban［EB/OL］.（2019-10-11）［2022-12-25］. https://www.espn.com/olympics/story/_/id/27818940/nike-shuts-oregon-project-alberto-salazar-ban.

［24］NN 跑团与俄勒冈训练营的对飙之路［EB/OL］.（2019-02-20）［2022-12-25］. https://www.sohu.com/a/295892146_400759.

［25］NN 跑团：五周年的过去与未来［EB/OL］.（2022-04-08）［2022-12-25］. https://runtrail.cn/35163.html.

［26］IWF.About us［EB/OL］.［2022-12-25］.https://iwf.sport/weightlifting_/aboutus/.

［27］WADA.2019 anti-doping rule violations (ADRVs) report［EB/OL］.［2022-12-25］. https://www.wada-ama.org/en/resources/anti-doping-stats/anti-doping-rule-violations-adrvs-report.

［28］CAS 2019/A/6109 Dayana Dimitrova v. International Weightlifting Federation (IWF)［EB/OL］.［2022-12-25］.

［29］CAS 2019/ADD/4 International Olympic Committee v. Supatchanin Khamhaeng［EB/OL］.［2022-12-25］.

［30］Exclusive:Thai weightlifter loses Youth Olympics gold medal for doping［EB/OL］. ［2022-12-25］. https://www.insidethegames.biz/articles/1087541/thai-khamhaeng-loses-goldmedal-doping.

［31］CAS 2014/A/3734 WADA v Vladislav Lukanin and IWF［EB/OL］.［2022-12-25］.

［32］ITA. Former IWF president and IWF vice-president sanctioned with a lifetime ban as a result of ITA's prosecution［EB/OL］.（2022-06-16）［2022-12-25］.https://ita.sport/news/former-iwf-president-and-iwf-vice-president-sanctioned-with-a-lifetime-ban-as-a-result-of-itas-prosecution/.

［33］Former weightlifting federation president gets life ban［EB/OL］.（2022-06-16）［2022-12-25］. https://olympics.nbcsports.com/2022/06/16/tamas-ajan-weightlifting-iwf-ban-doping/.

［34］WADA Intelligence and Investigations Department. A summary of WADA investigations into the International Weightlifting Federation and the sport of weightlifting［EB/OL］.［2022-12-25］.

［35］ITA. The ITA welcomes decision of CAS ADD to sanction weightlifter Nijat Rahimov for ADRV of swapping samples［EB/OL］.（2022-03-22）［2022-12-25］.https://ita.sport/news/the-ita-welcomes-decision-of-cas-add-to-sanction-weightlifter-nijat-rahimov-for-adrv-of-swapping-samples/.

［36］Russia Beyond.Two Russians thrown out of London Paralympics for doping – committee［EB/OL］.(2012-09-09)［2022-12-25］.https://www.rbth.com/articles/2012/09/09/two_russians_thrown_out_of_london_paralympics_for_doping_-_committee_18081.html.

［37］MOTTRAM D, CHESTER N.Drugs in sport［M］.London:Routledge, 2022.

［38］拳击举重项目暂无缘 2028 年奥运会［EB/OL］.（2022-05-22）［2022-12-25］. https://www.chinanews.com.cn/ty/2022/05-22/9760569.shtml.

［39］网坛禁药风波：辛吉斯为证清白退役 阿加西自曝服药［EB/OL］.（2016-03-08）［2022-12-25］.http://sports.ifeng.com/a/20160308/47737046_0.shtml.

［40］阿加西自传大爆猛料 曾经为吸食冰毒向 ATP 撒谎［EB/OL］.（2009-10-29）［2022-12-25］.https://sports.sohu.com/20091029/n267816702.shtml.

［41］加斯奎特涉药事件获最终判决 法国天才证明自己清白［EB/OL］.（2009-12-18）［2022-12-25］.http://sports.sina.com.cn/t/2009-12-18/09494750451.shtml.

［42］辛吉斯温网药检呈阳性 宣布再次退役称自己清白［EB/OL］.（2007-11-02）［2022-12-25］. https://sports.sohu.com/20071102/n253017582.shtml.

［43］CAS 2016/A/4643 Maria Sharapova v. International Tennis Federation (ITF)［EB/

OL］.［2022-12-25］. https://www.tas-cas.org/fileadmin/user_upload/Bulletin_2016_2_final.pdf.

［44］ 匿名电话引爆 THG 内幕：美国兴奋剂丑闻大揭秘［EB/OL].(2004-06-01)［2022-12-25］.https://sports.sohu.com/2004/06/01/35/news220333553.shtml.

［45］ DANIEL M R. Dope：a history of performance enhancement in sports from the nineteenth century to today［M］.Westport: Praeger Publishers, 2008.

［46］4 年禁赛？ "K宝" 瓦利耶娃恐遭重罚，六边形战士将成为历史［EB/OL］.(2022-11-16)［2022-12-25］. https://baijiahao.baidu.com/s?id=1749667376489318105&wfr=spider&for=pc.

［47］康凤洁.北京 2022 年冬奥会反兴奋剂法规体系研究[D].北京: 北京体育大学,2020.

［48］ CAS OG 98-002 arbitration CAS ad hoc Division (O.G. Nagano) 98/002 R. / International Olympic Committee (IOC), award of 12 February 1998［EB/OL］.［2022-12-25］. https://jurisprudence.tas-cas.org/Shared%20Documents/OG%2098-002.pdf.

［49］盐湖城打响反兴奋剂第一枪 700 多选手将接受 EPO 检测［EB/OL].(2002-02-03)［2022-12-25］.https://sports.sina.com.cn/o/2002-02-03/03233549.shtml.

［50］ 国家英雄变历史罪人 英冬奥会季军服用兴奋剂［EB/OL］.(2002-03-07)［2022-12-25］.https://sports.sohu.com/46/70/sports_news164147046.shtml.

［51］ 盐湖城冬奥会后续丑闻不断 又一选手奖牌被收回［EB/OL].(2002-03-23)［2022-12-25］.http://euro2012.sohu.com/08/81/sports_news164218108.shtml.

［52］西班牙滑雪名将穆赫莱格因冬奥会上服兴奋剂受处罚［EB/OL］.(2002-02-26)［2022-12-25］. http://euro2012.sohu.com/72/51/sports_news164125172.shtml.

［53］ 发现新型兴奋剂 穆赫莱格药检阳性被收回金牌［EB/OL］.(2002-02-25)［2022-12-25］.http://euro2012.sohu.com/06/17/sports_news164121706.shtml.

［54］西班牙政府十分重视冬奥会穆赫莱格兴奋剂事件［EB/OL］.(2002-02-27)［2022-12-25］.https://sports.sina.com.cn/o/2002-02-27/27241253.shtml.

［55］ CAS OG 06-004 arbitration CAS ad hoc Division (OG Turin) 06/004 Deutscher Skiverband & Evi Sachenbacher-Stehle v. International Ski Federation (FIS), award of 12 February 2006［EB/OL］.［2022-12-25］. https://jurisprudence.tas-cas.org/Shared%20Documents/OG%2006-004.pdf#search=OG%2006.

［56］都灵 "地震"：奥地利选手集体服用兴奋剂？［EB/OL].(2006-02-22)［2022-12-25］. http://2008.sohu.com/20060222/n241951606.shtml.

［57］都灵冬奥会兴奋剂事件有了说法［EB/OL］.(2006-02-26)［2022-12-25］.https://news.sina.cn/sa/2006-02-26/detail-ikkntiam6562443.d.html.

［58］温哥华冬奥曝首例兴奋剂事件 波兰女选手尿检阳性［EB/OL］.(2010-03-18)［2022-12-25］.http://sports.sina.com.cn/o/2010-03-18/11214891424.shtml.

［59］温哥华冬奥会出现首例因运动员药检阳性取消成绩［EB/OL］.(2010-05-04)［2022-12-25］.https://www.sport.gov.cn/n20001280/n20067662/n20067613/c23164878/content.html.

［60］温哥华冬奥曝首例兴奋剂 特殊情况未施禁赛处罚［EB/OL］.(2010-02-12)［2022-12-25］.http://sports.iqilu.com/news/2010/0212/181617.shtml.

［61］冰壶项目用兴奋剂？俄罗斯一枚铜牌被国际体育仲裁庭剥夺［EB/OL］.(2018-02-22)［2022-12-25］.https://www.sohu.com/a/223515808_115479.

［62］俄罗斯冰壶队员疑似服用兴奋剂 药检没过铜牌或被取消［EB/OL］.(2018-02-18)［2022-12-25］.https://view.inews.qq.com/wxn/CCE2018021801048309.

［63］CAS OG AD 18-003 arbitration CAS anti-doping Division (OG PyeongChang) AD 18/003 International Olympic Committee (IOC) & World Curling Federation (WCF) v. Aleksandr Krushelnitckii, partial award of 22 February 2018［EB/OL］.［2022-12-25］. https://jurisprudence.tas-cas.org/Shared%20Documents/OG%20AD%2018-003-PA.pdf#search=OG%2018.

［64］平昌冬奥会现首例兴奋剂违规 日本短道选手药检阳性［EB/OL］.(2018-02-13)［2022-12-25］.https://news.cri.cn/2018-02-13/7ae844c3-243a-ee08-6492-b2ab66a689d1.html.

［65］平昌冬奥药检阳性却是"轻微过失" 日本短道选手逃脱禁赛处罚［EB/OL］.(2019-02-01)［2022-12-25］.https://view.inews.qq.com/a/20190201A0MRL100.

［66］CAS ADD18/01 International Skating Union（ISU）v. Kei Saito［EB/OL］.［2022-12-25］.https://www.isu.org/inside-isu/isu-communications/communications/19844-cas-add-18-01-isu-vs-saito/file.